珠海市市场监督管理局关于发布珠海市地方标准《公路工程软土地基处理技术指南》的公告

珠地标公〔2023〕6 号（总第 22 号）

经组织专家委员会审查，现批准《公路工程软土地基处理技术指南》为珠海市地方标准，编号为 DB4404/T 48—2023。本标准自 2024 年 1 月 1 日起实施。

本标准由珠海市市场监督管理局负责管理，由主编单位负责具体技术内容的解释，并在珠海市市场监督管理局官方网站（https：//www.zhuhai.gov.cn/zhsscjgj/）公开。

珠海市市场监督管理局

2023 年 11 月 15 日

目　次

前　言 ··· Ⅲ

引　言 ··· Ⅳ

1　范围 ·· 1

2　规范性引用文件 ·· 1

3　术语和定义 ·· 1

4　总则 ·· 3

5　软土工程勘察 ·· 4

  5.1　一般原则 ··· 4

  5.2　软土分布与分类 ··· 6

  5.3　一般路段工程勘察 ··· 7

  5.4　过渡段工程勘察 ··· 9

6　软土地基处理设计 ·· 10

  6.1　一般原则 ·· 10

  6.2　换填垫层 ·· 10

  6.3　排水固结 ·· 12

  6.4　水泥土搅拌桩复合地基 ··· 20

  6.5　高压旋喷桩复合地基 ··· 24

  6.6　桩网复合地基 ·· 25

  6.7　气泡混合轻质土 ··· 27

  6.8　过渡段软土地基处理 ··· 30

7　软土地基处理施工 ·· 32

  7.1　一般原则 ·· 32

  7.2　换填垫层 ·· 33

  7.3　排水固结 ·· 33

  7.4　水泥土搅拌桩复合地基 ··· 36

  7.5　高压旋喷桩复合地基 ··· 37

  7.6　桩网复合地基 ·· 38

  7.7　气泡混合轻质土 ··· 40

  7.8　过渡段软土地基处理 ··· 41

8　软土地基处理监测与检验 ·· 42

  8.1　一般原则 ·· 42

  8.2　施工期监控设计 ··· 42

  8.3　工后监控设计 ·· 45

  8.4　监测实施 ·· 46

  8.5　质量检验 ·· 47

附录 A（资料性） 珠海市第四系地层划分 ………………………………………………………… 49

附录 B（资料性） 珠海市软土沉积成因及分布规律 ……………………………………………… 50

附录 C（资料性） 珠海市软土物理力学性质指标统计 …………………………………………… 52

附录 D（资料性） 用现场实测资料推算工后沉降计算方法 ……………………………………… 53

附录 E（资料性） 刚性桩桩网复合地基沉降计算方法 …………………………………………… 55

附录 F（资料性） 桩网复合地基失稳模式与稳定性分析方法 …………………………………… 61

附录 G（资料性） 珠海市公路工程水泥土搅拌桩检评标准 ……………………………………… 65

参考文献 ……………………………………………………………………………………………… 66

前　言

本文件按照 GB/T 1.1—2020《标准化工作导则　第 1 部分：标准化文件的结构和起草规则》的规定起草。

请注意本文件的某些内容可能涉及专利。本文件的发布机构不承担识别专利的责任。

本文件由珠海交通控股集团有限公司提出。

本文件由珠海市交通运输局归口。

本文件起草单位：珠海交通控股集团有限公司、中南大学、珠海市规划设计研究院、中国有色金属长沙勘察设计研究院有限公司、中国铁建港航局集团有限公司、珠海交通工程技术有限公司、广东省珠海工程勘察院、珠海市交通勘察设计院有限公司、广东省交通规划设计研究院集团股份有限公司、湖南省交通规划勘察设计院有限公司、武汉谦诚桩工科技股份有限公司。

本文件主要起草人：陈维家、冷伍明、杨斌财、刘维正、陆汉召、门小雄、余勇、李栋、王多让、魏雨虹、李晖、黄腾、王强、谭少华、曾新雄、李忠志、高元柳、郭克诚、谭祥韶、魏丽敏、唐昌意、卜中平、姚平、任伟伟、张宇明、许大晴、张尤其、李智文、徐冉冉、崔铭楷、汪旭、肖尊群、彭威、刘吉福、谢松青、陈建春、周芝林、季峰、陈建民、吴佳林、陈振伟、贺爽、张琦、熊俊豪、杨奇、李东洋、袁洋洋、姜照容、江栋、黄轩嘉、万家乐、郜凤龙、夏伟佳。

引 言

珠海为滨海深厚软土地区，软土分布广泛，具有含水率高、强度低、压缩性高、渗透性小、次固结性强等鲜明的地区特征，而各参建单位来自全国各地，对珠海地区特殊的地质情况、软土地基处理技术的选择和应用认识不同，加之缺乏系统科学的工程建设地区指引，导致软土地基处理实践中出现一些工程质量通病，影响了公路工程的全寿命周期造价，增加了建设管理难度。为更好地指导公路工程软土地基处理的勘察、设计、施工、监测与检验，推进工程标准化管理，提升软土地基工程管理、设计与施工水平，基于对珠海地区已建和在建的软土地基处理工程的全面调研，总结近十年来珠海软土地区公路路桥工程建设的技术管理经验和科研成果，并参考类似地区软土地基处理的技术管理成果，制定本文件。

公路工程软土地基处理技术指南

1 范围

本文件提供了公路工程软土地基处理全过程涉及的勘察、设计、施工、监测与检验的技术指引。

本文件适用于新建、改扩建各等级公路工程的软土地基处理。

2 规范性引用文件

下列文件中的内容通过文中的规范性引用而构成本文件必不可少的条款。其中，注日期的引用文件，仅该日期对应的版本适用于本文件；不注日期的引用文件，其最新版本（包括所有的修改单）适用于本文件。

GB 50007 建筑地基基础设计规范

GB 50026 工程测量标准

GB 50497 建筑基坑工程监测技术标准

GB/T 50783 复合地基技术规范

GB/T 51275 软土地基路基监控标准

JTG D30 公路路基设计规范

JTG 3430 公路土工试验规程

JGJ 8 建筑变形测量规范

JTG/T D31—02 公路软土地基路堤设计与施工技术细则

JTG/T 3512 公路工程基桩检测技术规程

DBJ/T 15—60 建筑地基基础检测规范

DBJ 15—31 建筑地基基础设计规范

3 术语和定义

下列术语和定义适用于本文件。

3.1

软土 soft soil

滨海、湖沼、谷地、河滩沉积的天然含水率高、天然孔隙比大、抗剪强度低、压缩性高的细粒土，包括淤泥、淤泥质土、泥炭、泥炭质土等。

［来源：JTG/T D31—02—2013，2.1.1，有修改］

3.2

淤泥 mud

在静水和缓慢流水环境中沉积、天然含水率大于液限、天然孔隙比大于或等于1.5、含有机质的细粒土。

［来源：JTG/T D31—02—2013，2.1.2，有修改］

3.3

淤泥质土 muddy soil

在静水和缓慢流水环境中沉积、天然含水率大于液限、天然孔隙比大于或等于1.0且小于1.5、含有机质的细粒土。

[来源：JTG/T D31—02—2013，2.1.3，有修改]

3.4

软土地基 soft ground

有软土层分布，在上部荷载作用下易产生失稳滑动或过大沉降变形的土质地基，简称软基。

[来源：JTG/T D31—02—2013，2.1.6，有修改]

3.5

复合地基 composite foundation

天然地基在地基处理过程中，部分土体被增强，或被置换，或在天然地基中设置加筋体，形成增强体，由增强体和周围地基土共同承担荷载的人工地基。

[来源：GB/T 50783—2012，2.1.1]

3.6

容许工后沉降 permissible post－construction settlement

从路面交工验收至路面设计使用年限末容许产生的沉降。

[来源：JTG/T D31—02—2013，2.1.10，有修改]

3.7

堆载预压 surcharge preloading

路基上堆加荷载促使地基土排水、固结、压密，以提高地基强度，减少在设计荷载作用下产生工后沉降的处理方法。堆载预压分等载预压、超载预压和欠载预压。

[来源：JTG/T D31—02—2013，2.1.11，有修改]

3.8

水载预压 water preloading

通过在路基上铺筑水袋或设置水池，利用水作为预压荷载，使地基中孔隙水排出，加速软土排水固结的地基处理方法。

3.9

真空联合堆载预压 vacuum－surcharge preloading

在真空预压的基础上，在膜下真空度达到设计要求并稳定后，进行分级堆载，达到加速软土地基固结，提高地基强度和稳定性的一种地基处理方法。

3.10

预压期 preloading period

施加全部预压荷载后，至达到卸载条件并开始卸载时所持续的时间。

3.11

水泥土搅拌桩 cement mixing piles

以水泥作为主要固化剂，利用搅拌机械将固化剂和地基土强制搅拌，使软土硬结成具有整体性、水稳定性和一定强度的一种桩体。

3.12

刚性桩 rigid pile

地基处理中桩土变形不协调、单桩竖向极限承载力不受桩身抗压强度控制的高黏结强度材料桩，主要有预制管桩、素混凝土桩等。

3.13

桩网复合地基 rigid pile composite foundation

通过刚性桩、桩帽（扩大桩头）及加筋垫层对软土地基进行加固，由桩体承担主要上部荷载的复合地基。

3.14

气泡混合轻质土 foamed mixture lightweight soil

采用水泥、水、气泡等材料，按一定比例混合搅拌、凝固成型的一种现浇类气泡混合轻质材料。

4 总则

4.1 公路工程软土地基处理技术指引全过程包括勘察、设计、施工、监测与检验，应做到因地制宜、技术安全可靠、经济合理、管理到位，确保质量和保护生态环境。

4.2 初步设计阶段，当遇厚度大于 25 m 的软土路段情况，软土地基处理方案应与桥梁跨越方案进行比选，涉及条件复杂、处理工艺多、难度大时应组织专家论证，必要时可采取路线绕避方案。

4.3 软土地基的工程地质勘察，应调查搜集沿线地形、地质、水文、气象、地震等资料，采用钻探、原位测试与室内试验相结合的方法，查明软土的工程性质，编制工程地质勘察报告，为设计和施工提供依据。

4.4 在选择软土地基处理方案前，根据技术管理要求，还应收集和调查下列内容：

   a) 路线纵横断面及桥梁、通道、涵洞的布设等各相关专业的设计资料；

   b) 软土路段两侧附近的已有构筑物、管线等周边环境状况；

   c) 路堤填筑材料的来源、特性等有关情况；

   d) 附近公路、铁路、水利工程的软土地基处理相关经验和情况；

   e) 改扩建路段原有路基软土处理方法和沉降情况。

4.5 选择软土地基处理方案时，当周边环境及工期等条件允许时宜优先考虑排水固结预压处理方法。

4.6 软土地基处理路段的划分，应综合考虑软土空间分布与性质、填土高度、结构物分布和类型等因素，分段长度宜小于 300 m，且每个分段应至少有 1 个勘探孔，如附近有结构物，或地质状况和路堤高度剧烈变化时，应适当缩短分段长度。

4.7 软土地基处理设计应采用动态设计方法，根据现场实际和实时监测数据分析调整设计参数。

4.8 对于复杂工程且无类似的工程经验可借鉴时，应选择具有代表性的试验段，对软土地基处理方案进行试验研究，以检验处理效果和修正、完善地基处理设计参数，选择相应的施工工艺。大面积施工前，应开展试验工作，根据试桩明确大面积地基处理设计和施工的相关参数。

4.9 软土地基处理设计应进行软土地基的沉降分析工作，必要时应采用有限元等数值分析方法进行计算。沉降计算应考虑路堤在施工期与预压期由于地基沉降需补方的填料增重的影响。公路软土地基在路面设计使用年限内的工后沉降应满足表 1 的要求，存在沉降差异的过渡段，沉降渐变率应满足相邻路段差异沉降引起的纵坡变化在 0.4% 以内。

表 1 路基工后沉降控制标准

单位为 m

公路等级	路段类型		
	与桥梁相邻路段	涵洞、箱涵、通道处	一般路段
高速公路、一级公路	≤0.10	≤0.20	≤0.30
二级公路（作为干线公路时）	≤0.20	≤0.30	≤0.50
注：二级非干线及二级以下公路工后沉降控制标准，经论证后可较二级干线公路适当放宽。			

4.10 改扩建工程的工后沉降控制标准可参照第 4.9 条的规定，同时结合多因素经评估后综合确定。

4.11 软土地基设计应进行路堤的稳定性验算，一般采用固结有效应力法、改进总强度法，有条件时也可采用简化 Bishop 法；对于非圆弧滑动验算，宜采用 Janbu 普遍条分法。验算时按施工期和营运期的荷载分别计算安全系数。施工期的荷载为路堤自重，营运期的荷载包括路堤自重、路面的增重及行车荷载。其稳定安全系数应大于或等于表2的规定值。

表 2　稳定安全系数值

采用指标	固结有效应力法		改进总强度法		简化 Bishop 法、Janbu 普遍条分法
	不考虑固结	考虑固结	不考虑固结	考虑固结	
直接快剪	1.1	1.2	—	—	—
静力触探、十字板剪切	—	—	1.2	1.3	—
三轴有效剪切指标	—	—	—	—	1.4
注：表列稳定安全系数未考虑地震影响。当需要考虑地震力时，表列稳定安全系数减小0.1。					

4.12　软土地基处理施工前，施工单位应依据地基处理设计编制施工方案，进行施工工艺适用性试验，确定施工参数。施工技术人员应掌握所承接工程的地基处理目的、加固原理、施工工艺、技术要求及质量标准，并做好安全技术交底。

4.13　公路路桥工程软土地基处理提倡积极推广应用经工程验证的新技术、新材料、新工艺和新设备。

5　软土工程勘察

5.1　一般原则

5.1.1　软土工程勘察应在搜集、分析已有资料和现场踏勘的基础上，根据勘察目的、任务和现行相应技术标准的要求，针对拟建工程的特点和场地工程地质条件编制勘察纲要。

5.1.2　在静水和缓慢流水环境中沉积，天然孔隙比大于或等于1.0、天然含水率大于液限、具有高压缩性、低强度、高灵敏度、低透水性和高流变性的细粒土，包括淤泥、淤泥质土、泥炭质土、泥炭等，应按软土进行工程地质勘察。

5.1.3　软土地基承载力基本特征值 f_{ak} 应由载荷试验或其他原位测试取得。载荷试验等原位测试有困难时，f_{ak} 可根据软土原状土的天然含水率按表3确定。

表 3　承载力基本特征值 f_{ak} 的经验值

天然含水率 $w/\%$	36	40	45	50	55	65	75
f_{ak}/kPa	100	90	80	70	60	50	40

5.1.4　软土地区工程地质测试

软土地区工程地质测试，应根据地层条件、构筑物的类型等选择室内测试项目和原位测试方法，并符合下列要求：

a)　室内测试项目可按表4选用；

表 4　软土室内测试项目表

测试项目	路基	桥梁、涵洞	备注
粒分析	（＋）	（＋）	
天然含水率 $w/\%$	＋	＋	
密度 $\rho/(g/cm^3)$	＋	＋	
土粒相对密度	（＋）	（＋）	按土类选做

表 4　软土室内测试项目表(续)

测试项目			路基	桥梁、涵洞	备注
液限 w_L/%			＋	＋	
塑限 w_p/%			＋	＋	
有机质质量分数/%			＋	＋	
酸碱度 pH			＋	＋	选代表样做
易溶盐质量分数/%			＋	(＋)	盐渍化软土选做
压缩系数 a/(MPa^{-1})			＋	(＋)	
固结系数	垂直 C_v/(cm^2/s)		＋	＋	
	水平 C_h/(cm^2/s)		＋	＋	
前期固结压力 P_c/kPa			＋	＋	
渗透系数	垂直 k_v/(cm/s)		＋	＋	
	水平 k_h/(cm/s)		＋	＋	
直接快剪	黏聚力 c_q/kPa		＋	＋	
	内摩擦角 φ_q/(°)		＋	＋	
固结快剪	黏聚力 c_g/kPa		＋	＋	
	内摩擦角 φ_g/(°)		＋	＋	
三轴剪切试验	不固结不排水	黏聚力 c_{uu}/kPa	＋	＋	按路段和土层选做
		内摩擦角 φ_{uu}/(°)	＋	＋	
	固结不排水	黏聚力 c_{cu}/kPa	＋	－	
		内摩擦角 φ_{cu}/(°)	＋	－	
	固结排水	黏聚力 c_{cd}/kPa	(＋)	－	
		内摩擦角 φ_{cd}/(°)	(＋)	－	
无侧限抗压强度 q_u/kPa			＋	＋	

注："＋"—必做项目;"(＋)"—选做项目。

b) 软土力学性质试验的加荷级别、试验的边界条件等,应与工程场地的环境条件相适应,并结合施工运营期的实际情况确定;

c) 软土地区原位测试宜采用静力触探、十字板剪切试验、标准贯入试验、旁压试验、扁铲侧胀试验等原位测试方法。

5.1.5　软土工程地质勘察内容

软土工程地质勘察应查明下列内容:

a) 地形地貌的成因、类型、分布和形态特征;

b) 软土的成因、地质年代、分布范围、埋藏深度、地层结构、分层厚度;

c) 地表硬壳层的分布范围和厚度、软土下卧硬层的起伏形态和横向坡度、地表硬壳层和下卧硬层的物理力学性质;

d) 软土地层中的砂类土夹层或透镜体的分布范围、厚度、渗透性、密实程度和均匀性;

e) 软土的物理、力学、水理性质和地基的承载力;

f) 软土的固结情况和土体结构扰动对强度和变形的影响;

g) 古牛轭湖、埋藏谷,暗埋的塘、浜、沟、渠等的发育与分布情况;

h) 地下水的类型、埋深、水位变化情况、水质及腐蚀性；

i) 软土产生震陷的可能性；

j) 当地既有建筑物软土地基处治措施和经验等。

5.1.6 工程地质调绘

工程地质调绘应符合下列要求：

a) 工程地质调绘应与路线及构筑物的设置结合，查明 5.1.5 要求的内容；

b) 地貌单元的边界、山间盆地、山间沟谷地段等应布置调绘点；

c) 可能有软土发育的沟谷及低洼地带，应辅以简易勘探手段进行工程地质调绘。

5.1.7 工程地质勘探

工程地质勘探应符合下列要求：

a) 软土地区的工程地质勘探应采用简易勘探、挖探、钻探、静力触探等手段进行综合勘探。勘探测试点的数量和位置应根据地层条件、软土发育特点以及构筑物的类型、规模等确定；

b) 勘探深度应符合下列要求：

    1) 路基及构筑物的浅基础，当软土厚度较小时，勘探深度应为穿过软土层至下卧硬层内 3 m～5 m；软土厚度较大时，对于欠固结软土，勘探深度应为穿过软土层至下卧硬土层内 3 m～5 m，对于正常固结软土，勘探深度应不小于地基压缩层的计算深度或达到地基附加应力与地基土自重应力比为 0.10～0.15 时所对应的深度；

    2) 当路基采用管桩桩型、预制混凝土方桩、钻孔灌注桩等桩网复合地基方案时，控制性勘探孔应超过地基变形计算深度，一般性勘探孔深度应达到预估桩端以下 3 m～5 m。控制性勘探孔的比例不应小于勘探孔总数的 1/3；

    3) 桥梁深基础的勘探深度应达桩端或基础持力层以下 5 m～8 m。

c) 钻探、取样应符合下列要求：

    1) 在软土地层中采样，应严格控制钻探回次进尺，严禁扰动或改变试验样品的土体结构及含水状态；

    2) 取样前应清除孔内残留岩芯，并保持孔壁稳定；

    3) 软土取样应使用专用薄壁取土器，取样器长度不宜小于 50 cm，取样管外径不宜少于 75 mm，采用压入法或重锤少击法取样；

    4) 取土时，取土器的入土深度，严禁大于取土器的有效长度；

    5) 软土层的取样间距，在 0 m～10 m 的深度范围内，每 1.5 m～2.0 m 应取样 1 件(组)；10 m 以下，每 2.0 m～3.0 m 应取样 1 件(组)，地层变化时应立即取样。

5.1.8 软土试样应及时妥善密封，防止湿度变化，严防曝晒或冰冻。在运输中应避免振动，保存时间不宜超过 1 周。

5.1.9 对不同成因的软土，应分段进行物理力学性质指标统计，并分段提供设计、施工所需岩土参数。

5.2 软土分布与分类

5.2.1 根据天然孔隙比和有机质含量，软土可按表 5 进行分类。

表 5 软土按天然孔隙比和有机质含量分类

指标	淤泥质土	淤泥	有机质土	泥炭质土	泥炭
天然孔隙比 e	$1.0 \leqslant e < 1.5$	$e \geqslant 1.5$	—	—	—
有机质含量/%	—	—	5～10	10～60	>60
注：对于淤泥质土、淤泥，其天然含水率大于液限。					

5.2.2 软土的结构性宜采用现场十字板剪切试验，也可采用无侧限抗压强度的试验方法，测定其灵敏度（S_t），并按表 6 的规定进行判定。

表 6　软土的结构性分类

灵敏度 S_t	结构性分类
$2 < S_t \leqslant 4$	中灵敏性
$4 < S_t \leqslant 8$	高灵敏性
$8 < S_t \leqslant 16$	极灵敏性
$S_t > 16$	流性
注：无侧限抗压强度试验土样，应采用薄壁取土器取样。	

5.2.3 珠海市第四系地层划分见附录 A，珠海市软土沉积成因及分布规律见附录 B，珠海市软土物理力学性质指标统计见附录 C。

5.3 一般路段工程勘察

5.3.1 工可勘察

工可勘察应符合下列要求：

a) 工可勘察应初步查明公路沿线的工程地质条件和对公路建设规模有影响的工程地质问题，为编制工程可行性研究报告提供工程地质资料；

b) 工可勘察应以资料收集和工程地质调绘为主，辅以必要的勘探手段，对项目建设各工程方案的工程地质条件进行研究，完成下列各项工作内容：

1) 了解各线路走廊或通道的地形地貌、地层岩性、地质构造、水文地质条件、地震动参数、不良地质和特殊性岩土的类型、分布及发育规律；

2) 初步查明沿线水库、矿区的分布情况及其与路线的关系；

3) 查明控制路线及工程方案的不良地质和特殊性岩土的类型、性质、分布范围及发育规律；

4) 查明技术复杂大桥桥位的地层岩性、地质构造、河床及岸坡的稳定性、不良地质和特殊性岩土的类型、性质、分布范围及发育规律；

5) 初步查明筑路材料的分布、开采、运输条件以及工程用水的水质、水源情况；

6) 评价各路线走廊或通道的工程地质条件，分析存在的工程地质问题；

7) 编制工程可行性研究阶段工程地质勘察报告。

c) 遇有下列情况，当通过资料收集、工程地质调绘不能初步查明其工程地质条件时，应进行工程地质勘探：

1) 控制路线及工程方案的不良地质和特殊性岩土路段；

2) 特大桥、地质条件复杂的大桥等控制性工程；

3) 跨江、海独立公路工程建设项目。

d) 工可勘察报告应提供下列资料：

1) 文字说明：应对公路沿线的地形地貌、地层岩性、地质构造、水文地质条件、新构造运动、地震动参数等基本地质条件进行说明；对不良地质和特殊性岩土应阐明其类型、性质、分布范围、发育规律及其对公路工程的影响和避开的可能性；路线通过区域性储水构造或地下水排泄区，应对路线方案有重大影响的水文地质及工程地质问题进行充分论证、评价；特大桥及大桥等控制性工程，应按照进行论证、比选的工程方案，对工程地质条件进行说明、评价，提供工程方案论证、比选所需的岩土参数；

2) 图表资料：（1：10000）～（1：50000）路线工程地质平面图；（1：10000）～（1：50000）路线

工程地质纵断面图；（1：2000）～（1：10000）重要工点工程地质平面图；（1：2000）～（1：10000）重要工点工程地质断面图；附图、附表和照片等。

5.3.2 初步勘察

初步勘察应符合下列要求：

a) 工程地质调绘应沿拟定的路线及其两侧各宽 200 m 的带状范围进行，工程地质调绘的比例尺为 1：2000；

b) 勘探测试除应符合 5.1.7 的规定外，尚应符合下列要求：

1) 路基勘探：勘探测试点应沿路线中线布置，平均间距可按表 7 选用。当软土厚度大、分布复杂时，应结合填土路基设计，分段布置横向勘探断面，并与静力触探、十字板剪切试验等原位测试结合进行综合勘探；

表 7 初勘钻探点控制间距

公路等级	钻探点间距/m
二级及二级以上	300～500
二级以下	500～600
注：表列数据为平均间距，勘探点应结合路线上的软土发育特点和路线勘探施工条件布置。	

2) 应在每个具有代表性的地质路段，沿深度方向对可能影响地基稳定性的软土层进行十字板剪切试验。十字板剪切试验沿深度方向测试间距应不大于 1 m；

3) 控制性钻孔数量不应少于钻孔总数的 1/3，且每个路段不应少于 1 个；

4) 桥梁勘探：与路堤衔接的桥台部位应布置勘探测试点进行勘察；

5) 当路线因建筑物等原因无法布置勘探点时，应通过调查取得相关资料并结合附近完成的勘察资料进行综合分析；

6) 当路线存在河流、鱼塘等不适合多次进场勘探的路段时，可考虑对该路段按表 8 详勘要求进行一次性勘察。

c) 初步勘察应提供下列资料：

1) 文字说明：应分段说明填、挖路段的工程地质条件。基底有软弱层发育的填方路段，应评价路堤产生过量沉降、不均匀沉降及剪切滑移的可能性。应对路线及构筑物场地的工程地质条件进行阐述，对 5.1.4 软土勘察要求查明的内容进行说明，分析、评价工程建设场地的适宜性，提出工程地质建议；

2) 图表资料：（1：1000）～（1：2000）工程地质平面图；（1：1000）～（1：2000）工程地质纵断面图；（1：100）～（1：400）工程地质横断面图；（1：50）～（1：200）挖探（钻探）柱状图；岩土物理力学指标汇总表；水质分析资料；附图、附表和照片等。应对软土的类型、分布、工程地质性质等进行图示和说明。

5.3.3 详细勘察

详细勘察应符合下列要求：

a) 详细勘察应对初勘工程地质调绘资料进行复核。当线位偏离初测线位或地质条件需进一步查明时，应进行补充工程地质调绘，调绘的比例尺为 1：2000；

b) 详细勘察应充分利用初勘资料，在确定的路线及构筑物位置上进行，除应符合 5.3.2 的要求外，尚应符合下列要求：

1) 大于 50 m、其他路基形式的道路宽度大于 30 m 时，宜在道路两侧交错布置勘探点。勘探点平均间距可按表 8 选用。软土分布复杂路段，应结合软土路基处治工程设计，分段布置横向勘探断面，并与静力触探、十字板剪切试验等结合进行综合勘探。当采用静力触探、十字板剪切试验作为原位测试方法时，应按不少于勘探点总数量的 1/6 布置，每 2 km 不应少于 1 孔，每个场地不应少于 3 孔；

表 8 详勘钻探点控制间距

公路等级	钻探点间距/m
二级及二级以上	100～200
二级以下	200～300
注：表列数据为平均间距，勘探点应结合路基填土高度及软土发育特点布置。	

2) 路基勘探：勘探测试点宜沿路线中线布置，当一般路基的道路宽度控制性钻孔数量不应少于钻孔总数的 1/3，且每个路段不应少于 1 个；

3) 桥梁勘探：宜按墩台布置勘探钻孔，探明地基地质条件；与路堤衔接的桥台部位应布置勘探测试点进行勘察，桥台部位勘探点间距不宜大于 20 m，且不宜少于 3 个孔；

4) 当线路通过沟、浜、湮埋的沟坑和古河道等地段时，应采用小螺孔、静力触探等手段。勘探点间距宜控制在 20 m～40 m，控制边界线勘探点间距可适当加密。

c) 详细勘察应按 5.3.2 的要求提供资料。

5.4 过渡段工程勘察

5.4.1 路基拓宽

路基拓宽勘察应符合下列要求：

a) 在已有公路路基拓宽勘察设计之前，应重点收集既有公路的勘察资料，充分利用已有勘察成果；

b) 加强既有公路软土路基的现状调查，重点调查软土病害路段的分布范围、发育特征、路基结构与断面形式等，扩建新路基部分应辅助必要的钻探、触探等进行工程地质调绘，避免遗漏软土或软土发育路段；

c) 既有公路软土病害路段宜沿裂缝和垂直路线方向布置纵横向勘探线，横向勘探线上钻孔宜布设在既有路基的路面、边坡、坡脚等部位，新建路基部分勘探点可沿路线方向布置，同一横向勘探剖面应包括新旧路基钻孔，以查明既有路基和拓宽路基的现状地质条件；

d) 路基拓宽路段勘察应满足 5.3 要求；

e) 应通过既有路堤与地基的取样与原位测试，查明既有路基填料的含水率、液限、塑限、CBR 值、压实度等，以及路基沉降完成情况；

f) 应加强既有软土路基的分析评价工作，主要分析和评价内容包括：

1) 通过调查既有公路软土路基的工后沉降情况，分析既有公路软土地基的固结度、固结系数、压缩系数、强度增长和剩余沉降等；

2) 分析评价拓宽路基与既有路基的稳定性和差异沉降，以及拓宽路基对既有路基稳定和沉降的影响程度，并应提出拓宽路堤软土地基处理措施的建议；

3) 对于软土病害路段，应根据勘察资料综合分析病害成因，评价既有路基的沉降和稳定性状况，对既有软土路基的可利用程度进行分析与评价，提出病害处置建议。

5.4.2 桥头路段

桥头路段勘察应符合下列要求：

a) 桥头路段勘察除按 5.3 要求执行外，还应充分利用桥台钻孔资料成果，加强取样试验与现场原

位测试工作;

b) 分析评价与桥位的差异沉降,桥头路段填土堆坡可能带来的工程风险,提出地基处理措施建议和相关设计参数。

5.4.3 涵洞(通道)路段

涵洞(通道)路段勘察应符合下列要求:

a) 涵洞(通道)软基勘察除按 5.3 勘察要求执行外,还应根据软土厚度、性质、填土高度等条件布置典型横向勘探线,勘探点数量宜为 2~3 个;

b) 根据涵洞(通道)的开挖深度,结合场地的地质条件和环境条件,提出合理的基坑开挖建议、地基处理措施建议和相关设计参数。

6 软土地基处理设计

6.1 一般原则

6.1.1 软土地基处理设计应按地质资料准备、设计路段划分、处理方案设计的流程进行。

6.1.2 各设计路段的软土参数应根据工程地质勘察报告的有关内容,以相同地质单元区段为单位,对沉降计算和稳定性验算所需要的物理、力学参数进行统计分析确定;对于缺失的参数,可通过其他参数的综合对比分析并结合地区经验确定。

6.1.3 软土地基处理的方案设计应按技术可行、因地制宜、造价经济、工期合理、施工简便的原则进行。对软土性质差、地基条件复杂或有特殊要求的地基处理工程,可采用两种或两种以上措施进行综合处理。

6.1.4 现有公路拓宽改建时,应控制新老路基间的差异沉降,根据既有公路的实际横坡确定拓宽路基的横坡值,拓宽部分路基横坡(双向横坡)按小于既有横坡 0.5% 控制,拓宽部分与既有公路的工后横坡增大率不应大于 0.5%。

6.1.5 处理与未处理以及不同地基处理方案衔接处应缓和过渡。相邻路段差异沉降引起的纵坡变化应控制在 0.4% 以内。采用排水预压法处理软土地基,卸载前结构物附近路基工后差异沉降率应满足表 9 的要求。并应根据相应工后差异沉降率计算过渡段的设置长度。

表 9 结构物附近容许工后差异沉降率 i_{sa} 建议值

设计行车速度/(km/h)	$\geqslant 100$	60~100	$\leqslant 60$
$i_{sa}/\%$	0.5	0.6	0.8

6.1.6 复杂场地软土地基处理施工过程中应加强动态观测,收集影响设计的各种因素及变化情况,及时制订相应方案,保证安全。

6.1.7 软土地基处理设计,应根据确定的设计方案编制特殊路基设计表,表中应包括处理路段的起讫桩号、路段长度、处理方案、总沉降、预压期沉降、工后沉降、预压设计高度、处理方案的工程数量等内容。

6.2 换填垫层

6.2.1 适用条件

换填垫层应满足下列适用条件:

a) 换填根据换填方式的不同可以分为开挖换填和强制换填。其中,开挖换填根据换填材料不同又可分为换填垫层和换填轻质土;

b) 换填适用于填料充足、弃土场易于解决的路段;一般换填深度宜小于 3 m;换填与排水固结可

联合使用;

c) 换填设计的主要内容应包括换填基坑的边坡坡率、换填材料的选择、填筑的要求等。换填方案应根据地质资料、设计路段要求进行划分,还应进行换填过程中、换填后的稳定性验算;

d) 设计说明中应明确施工工序,提出施工工艺的要求及施工注意事项,确保施工质量。应加强动态化设计,精细化施工。

6.2.2 设计

换填设计应满足下列要求:

a) 适用范围

换填垫层适用于表层软土厚度小于 3.0 m 的浅层软弱地基处理。

b) 设计

换填垫层的垫层类型按材料可分为碎石垫层、砂砾垫层、石屑垫层等。起排水作用的碎石垫层、砂砾垫层的厚度宜为 0.5 m。并应满足地基固结排水所需的排水能力要求。垫层宜满铺,且两侧各宽出路堤底宽 0.5 m～1.0 m。当路堤较宽且排水距离长,或者预计有大量地下水渗出,仅靠排水垫层不能完全满足排水需要时,可在适当位置设置排水盲沟。垫层应满足下列要求:

1) 设置小型构造物处,浅层处理法换填垫层的厚度宜根据构造物的要求确定,并符合公式(1)～公式(3)的要求。

$$P_z + P_{cz} \leqslant f_{ak} \quad \text{...............} \quad (1)$$

$$P_z = \frac{b(P_k - P_c)}{b + 2z\tan\theta} \text{(条形基础)} \quad \text{...............} \quad (2)$$

$$P_z = \frac{bl(P_k - P_c)}{(b + 2z\tan\theta)(l + 2z\tan\theta)} \text{(矩形基础)} \quad \text{...............} \quad (3)$$

式中:

P_z ——相应于荷载效应标准组合时,垫层底面处的附加应力(kPa);

P_{cz} ——垫层底面土的自重应力(kPa),采用砂垫层时重度可取 19 kN/m³～21 kN/m³,采用碎石或卵石时重度可取 21 kN/m³～22 kN/m³;

f_{ak} ——垫层底面经深度修正后的地基承载力特征值(kPa);

b ——矩形基础或条形基础底面的宽度(m);

l ——矩形基础或条形基础底面的长度(m);

P_k ——相应于荷载效应标准组合时,基础底面的平均应力(kPa);

P_c ——基础底面土的自重应力(kPa);

z ——基础底面下垫层的厚度(m);

θ ——垫层的应力扩散角(°),宜通过试验确定,无试验资料时,可按表10取用。

表 10 应力扩散角 θ

单位为(°)

z/b	换填材料		
	中砂、粗砂、砾砂、圆砾、角砾、石屑、碎石、矿渣	粉煤灰	灰土
0.25	20	6	28
≥0.50	30	23	

注 1:当 z/b<0.25 时,除灰土取 θ=28°外,其余材料均取 θ=0°;必要时,宜由试验确定。

注 2:当 0.25<z/b<0.5 时,θ 值可线性内插。

2) 垫层底面的宽度 b' 应满足基础底面应力扩散的要求,可按公式(4)确定。

$$b' \geqslant b + 2z \tan\theta \quad \cdots\cdots\cdots\cdots\cdots\cdots\cdots\cdots\cdots\cdots\cdots\cdots\cdots (4)$$

式中:

θ ——应力扩散角,可按表10取用;当 $z/b < 0.25$ 时,仍按 $z/b = 0.25$ 取值。

3) 垫层的承载力宜通过现场载荷试验确定,并应进行下卧层承载力的验算。当缺乏资料时,垫层的承载力可参考表11确定。

表 11　垫层的承载力

单位为 kPa

换填材料	承载力特征值 f_{ak}
碎石	200～300
砂夹石(其中碎石占全重的30%～50%)	200～250
土夹石(其中碎石占全重的30%～50%)	150～200
中砂、粗砂、砾砂、圆砾、角砾	150～200
石屑	120～150
灰土	200～250
粉煤灰	120～150
矿渣	200～300
注1:下卧层较软弱的垫层,承载力特征值取低值,反之取高值。 注2:原状矿渣垫层取低值,分级矿渣或混合矿渣垫层取高值。 注3:土工合成材料加筋垫层其压力扩散角由现场静载荷试验确定。	

4) 垫层的压实度要求应与相同层次的路堤填料压实度要求相同。

6.3　排水固结

6.3.1　适用条件

排水固结应满足下列适用条件:

a) 项目建设工期满足排水固结法预压期的要求;

b) 排水垫层堆载预压法适用于软土位于地表且厚度小于3 m的路段;

c) 渗沟预压法可用于软土深度小于4 m且地表有不透水层的路段;

d) 堆载预压法适用于路堤高度小于6 m的软土路基,堆载预压处理与重要建构筑物之间的退让距离不应小于20 m;

e) 真空预压法适用于路堤高度小于8 m的软土地基,当工期紧或路堤高度大时,可采用真空联合堆载预压或增压式真空联合堆载预压,真空预压处理与重要建构筑物之间的退让距离不宜小于25 m;

f) 软土深度大于4 m时,宜设置竖向排水体;

g) 排水固结法处理宽度应不小于路堤底宽;

h) 对受排水固结处理影响的周边建构筑物和管线的保护和监测应满足权属单位的相关要求,并需采取有效的施工及监控措施确保安全。

6.3.2　设计

6.3.2.1　主要设计

排水固结主要设计应包括下列内容:

a) 确定排水垫层的构造、宽度、厚度、材料及技术要求,确定真空联合堆载预压的真空管网结构、密封措施和技术要求；

b) 确定竖向排水体的类型、截面尺寸、排列方式、间距、深度和处理范围；

c) 确定是否设置加筋材料和反压护道；

d) 确定预压荷载、加载计划、预压时间和卸载标准；

e) 监测设计；

f) 根据监测资料动态调整设计参数。

6.3.2.2 水平排水系统设计

水平排水系统设计应满足下列要求：

a) 排水垫层宜采用中粗砂、碎石，砂垫层的干密度应大于 $1.5\ t/m^3$，渗透系数宜大于 $5\times10^{-3}\ cm/s$，含泥量应小于 5%。排水垫层厚度宜为 $0.4\ m\sim0.6\ m$，水下排水垫层厚度不宜小于 $1.0\ m$；底面宽度应不小于公式（5）计算值：

$$\omega_c=\omega_f+2m_sS_f+2\Delta\omega+2 \quad\cdots\cdots\cdots\cdots\cdots\cdots\cdots\cdots\cdots\cdots\cdots\cdots (5)$$

式中：

ω_c ——排水垫层设计宽度（m）；

ω_f ——路堤设计底宽（m）；

m_s ——设计边坡值（边坡坡率的倒数）；

S_f ——加宽后路堤坡脚沉降（m），通常为路中沉降的 $20\%\sim40\%$，如果设置了工作垫层，则应将 S_f 减去工作垫层厚度；

$\Delta\omega$ ——保证路堤碾压质量需要的路堤加宽值（m），通常为 $0.3\sim0.5$。

b) 渗沟宜横向布置。渗沟与竖向排水体联合应用时，间距宜与竖向排水体相同，尺寸宜为（30 cm～50 cm）×（30 cm～50 cm）。渗沟单独应用时，间距宜 3 m～4 m，宽度宜 0.6 m～1.2 m，深度应小于软土自稳高度；

c) 采用排水垫层代替工作垫层时，排水垫层下宜铺设一层无纺土工布；

d) 排水垫层宽度大于 80 m 或排水垫层无法外露时，宜在路中线附近设置集水井，并采用水位自动控制水泵抽水；

e) 对于真空联合堆载预压工程，路基底宽大于 60 m 时，抽真空管网宜采用双侧布置主管的方式。主管宜采用直径 50 mm～90 mm 的硬 PVC 管，主管不打孔；支管宜采用直径 50 mm～75 mm 的柔性塑料波纹管。支管间距宜 5 m～6 m，支管上每 5 cm 钻一直径 8 mm～10 mm 的小孔，支管外包透水土工布；

f) 根据地区经验，可以采用无水平排水垫层的管板直连工艺，宜设置 30 cm 的细砂工作垫层，应将管板埋置于工作垫层中，为了提高真空处治效果，可增设增压降水系统；

g) 为提高路堤的整体稳定性和垫层的排水性能，可在水平排水垫层底设置土工合成材料。

6.3.2.3 竖向排水系统设计

竖向排水系统设计应满足下列要求：

a) 竖向排水体可采用塑料排水板或袋装砂井，优先采用可降解可测深的塑料排水板，塑料排水板应由原生材料制作并可测深度，处理深度小于等于 15 m 时，可选用 B 型排水板；处理深度大于 15 m 时，可选用 C 型排水板；

b) 塑料排水板当量直径按公式（6）计算：

$$d_w=\frac{2(b+\delta)}{\pi} \quad\cdots\cdots\cdots\cdots\cdots\cdots\cdots\cdots\cdots\cdots\cdots\cdots\cdots\cdots (6)$$

式中：

d_w ——塑料排水板当量直径（mm）；

b ——塑料排水板宽度(mm);

δ ——塑料排水板厚度(mm)。

c) 袋装砂井直径宜为 70 mm~100 mm，聚丙烯编织布渗透系数应不小于 1×10^{-2} cm/s，抗拉强度和缝合强度应不小于 15 kN/m，有效孔径 O_{95} 应小于 0.075 mm。中粗砂含泥量应不大于 3%，透系数应大于 5×10^{-3} cm/s;

d) 竖向排水体的平面布置可采用等边三角形或正方形排列。每根竖向排水体的有效影响圆直径 d_e 和竖向排水体中心距 s 的关系宜按下列要求确定:

正方形布置:

$$d_e = 1.13s \quad\quad\quad\quad\quad\quad\quad\quad\quad\quad (7)$$

等边三角形:

$$d_e = 1.05s \quad\quad\quad\quad\quad\quad\quad\quad\quad\quad (8)$$

e) 竖向排水体的设计间距应满足工程设计对固结度的要求，可结合工程经验按公式(9)初步确定。塑料排水板的设计间距宜在 1.0 m~1.5 m 范围内选用;

$$s = \left\{ \frac{6.5C_h t_a}{\ln(s/d_w) \times \ln[0.8/(1-U_{rz})]} \right\}^{0.5} \quad\quad\quad\quad (9)$$

式中:

s ——竖向排水体的布置间距(cm);

C_h ——地基土的水平向固结系数(cm^2/s);

t_a ——工程允许的固结时间(s);

U_{rz} ——工程要求达到的固结度(%);

d_w ——竖向排水体的等效直径(cm)。

f) 竖向排水体加固宽度应不小于路堤底宽;

g) 当采用盲沟代替排水垫层或采用管板连接时，竖向排水体宜采用正方形布置;

h) 塑料排水板纵向通水量 q_w 不宜小于下式计算的纵向通水量需求 q_{wr}:

$$q_{wr} \geqslant 7.85 F_s k_h L^2 \quad\quad\quad\quad\quad\quad\quad (10)$$

式中:

q_{wr} ——竖向排水体纵向通水量需求(cm^3/s);

F_s ——安全系数。$L<1000$ cm 时，$F_s=4$;1000 cm$\leqslant L \leqslant$2000 cm 时，$F_s=5$;$L>2000$ cm 时，$F_s=6$;

k_h ——原状土水平渗透系数(cm/s);

L ——竖向排水体长度(cm)。

i) 竖向排水体的深度应符合下列要求:

1) 路堤高度大于天然地基极限填土高度的路段，竖井深度应大于最危险滑动面以下 2.0 m;

2) 根据地基的稳定性、变形要求和工期确定。软土深度小于 25 m 时:①采用堆载预压时宜穿透软土层;②采用真空预压或真空联合堆载预压时，下卧层为不透水层时应打穿软土，下卧层为透水层时应在板端采取隔离措施。

j) 对采用挤土方式施工的竖向排水体，应考虑涂抹对土体固结度的影响。当竖向排水体的纵向通水量与天然土层水平向渗透系数的比值较小，且长度较长时，尚应考虑井阻影响;

k) 对竖向排水体未穿透压缩土层的地基，应分别计算竖向排水体所穿透土层的平均固结度和竖向排水体底面以下附加应力与自重应力之比大于 0.15 土层的平均固结度。

6.3.2.4 隔离与密封系统设计

隔离与密封系统设计应满足下列要求:

a) 对既有公路、建筑物的影响较大时，应调整处理方案或设置隔离墙；

b) 密封膜宜设置 2～3 层，密封膜上下宜各铺 1 层保护土工布，其指标宜参照表 12。密封沟应进入地下水位以下的黏土层 0.5 m 以上且底宽大于 0.5 m；

表 12 密封膜性能指标建议值

项目	厚度/mm	拉伸强度/MPa		断裂伸长率 /%	直角撕裂 强度/(N/mm)	渗透系数 /(cm/s)
		纵向	横向			
指标	0.12～0.14	≥15	≥15	≥200	≥80	≤10⁻¹¹
		试样为 50 mm 宽				

c) 地基处理深度范围内强透水层深度大于 2 m 且开挖密封沟容易坍塌时，应采用黏土密封墙等措施进行深层密封。加固区底部存在强透水层时，竖向排水体应与强透水层隔离。设置黏土密封墙时，黏土密封墙厚度不宜小于 1.2 m，拌和后墙体的黏粒含量应大于 15%，渗透系数应小于 1.0×10^{-5} cm/s，大面积施工前应通过试验确定黏土掺入量。设置密封墙时，密封沟宜设置在密封墙顶部。

6.3.2.5 预压期与荷载系统设计

预压期与荷载系统设计应满足下列要求：

a) 根据预压期和运营期作用在地基上的荷载大小，预压分为欠载预压、等载预压和超载预压。等载应取汽车荷载、路面自重荷载、路堤自重荷载、路面设计使用年限内的沉降附加荷载以及预压期沉降荷载之和。预压荷载应根据软土性质、路堤设计高度、填料情况及施工工期等确定；

b) 桥台、涵洞、通道附近的路段，宜超载预压。为减少交通荷载的影响，低路堤宜超载预压；

c) 超载厚度、预压时间，宜使软土层相对等载的固结度大于 1，超载厚度宜 1 m～2 m，超载土方压实度宜大于 85%，超载后的路基稳定安全系数仍应满足规范要求。每个超载路段长度宜大于 50 m；

d) 实际预压时间应根据施工监测确定，卸载前结构物附近路基应同时满足沉降速率、工后沉降、工后差异沉降率要求，其他路段应符合工后沉降标准。结构物附近工后差异沉降率可按表 9 取值；

e) 满载（设计要求的预压荷载）预压期应根据固结度、工后沉降和沉降速率综合确定。堆载预压时，满载预压期不应小于 6 个月；真空与堆载联合预压时，处理深度小于等于 15 m 时满载预压期不应小于 3 个月，处理深度大于 15m 时满载预压期不应小于 4 个月。宜在卸除真空不少于 2 个月后施工路面；

f) 真空联合堆载预压膜下真空度设计值不应小于 80 kPa，采用射流泵时，功率 7.5 kW，每台真空泵处治面积为 900 m²～1100 m²（真空度要求高时取小值）；采用水气分离泵时，配真空泵 1 台，功率 7.5 kW，水泵 1 台，功率 7.5 kW，每台水气分离泵处治面积为 5000 m²；

g) 对于一般软黏土，上部堆载施工宜在真空预压膜下真空度稳定达到 80 kPa，且抽真空时间不少于 10 d 后进行。对于含水率大于 120% 的淤泥或吹填软土，上部堆载施工宜在真空预压膜下真空度稳定地达到 80 kPa 且抽真空 20 d～30 d 后进行；

h) 当堆载较大时，应采用分级加载，分级数应根据地基土稳定计算确定。分级加载时，待前期预压荷载下地基的承载力增长满足下一级荷载下地基的稳定性要求时，方可继续堆载；

i) 当土源供应困难时，可采用水载代替土载预压。水载宜采用水袋方式，采用围堰时应确保围堰的稳定性；

j) 采用真空联合堆载预压法时，卸载标准：根据监测数据推算的工后固结沉降≤设计工后固结沉降要求；满载预压期满足设计要求；连续 5 d 实测沉降速率≤0.5 mm/d，交工面不低于设计交工面标高；

k) 采用土方堆载时，路基范围内的压实度和填料要求应符合路基设计规范要求。

6.3.2.6 固结度、沉降量计算与稳定性分析

固结度、沉降量计算与稳定性分析应满足下列要求：

a) 固结度计算：

在大面积均布荷载及一级或多级等速加载条件下，时间 t 所对应荷载的地基压缩土层的平均固结度可根据下列情况进行计算：

1) 当竖向排水体贯穿压缩土层时：

$$\overline{U}_t = \sum_{i=1}^{n} \frac{\dot{q}_i}{\sum \Delta p} \left[(T_i - T_{i-1}) - \frac{\alpha}{\beta} \mathrm{e}^{-\beta T_i} (\mathrm{e}^{\beta T_i} - \mathrm{e}^{\beta T_{i-1}}) \right] \quad\cdots\cdots\cdots\cdots\cdots (11)$$

式中：

$\overline{U}_t$ ——t 时间点对应的地基土层的平均固结度(%)；

n ——总加载级数；

$\dot{q}_i$ ——第 i 级荷载的加载速率(kPa/d)；

$\sum \Delta p$ ——各级荷载的累加值(kPa)；

T_{i-1}、T_i ——分别为第 $i-1$ 级及 i 级荷载从零点起算的加载的起始和终止时间(d)；

t ——堆载预压全过程时间(d)(从零点起算)

α、β ——参数，根据排水固结条件，按表13采用。

表 13 不同排水条件下参数 α、β

排水固结条件 参数	竖向排水固结 $\overline{U}_t > 30\%$	向内径向 排水固结	竖向和径向 排水固结
α	$\dfrac{8}{\pi^2}$	1	$\dfrac{8}{\pi^2}$
β	$\dfrac{\pi^2 C_v}{4H^2}$	$\dfrac{8 C_h}{F_n d_e^2}$	$\dfrac{8 C_h}{F_n d_e^2} + \dfrac{\pi^2 C_v}{4H^2}$
注 1：C_v ——地基土的竖向固结系数，$\mathrm{m^2/d}$，以固结试验确定； 　　　C_h ——地基土的水平向固结系数，$\mathrm{m^2/d}$，以固结试验确定； 　　　H ——处理土层竖向排水距离，当竖向排水体贯穿至透水性良好的地层(如中粗砂层、砾砂层等)时，按双面排水条件计算，H 为土层厚度的一半，m； 注 2：F_n 与井径比(n)有关： $$F_n = \frac{n^2}{n^2-1} \ln n - \frac{3n^2-1}{4n^2} \quad\cdots\cdots\cdots\cdots\cdots\cdots (12)$$ 式中： n ——井径比(竖向排水体有效直径 d_e 与当量直径 d_w 之比)。		

2) 当竖向排水体未贯穿压缩土层时：

$$\overline{U}_t = Q\overline{U}_1 + (1-Q)\overline{U}_2 \quad\cdots\cdots\cdots\cdots\cdots\cdots (13)$$

$$Q = \frac{H_1}{H_1 + H_2} \quad\cdots\cdots\cdots\cdots\cdots\cdots\cdots\cdots\cdots\cdots\cdots \quad (14)$$

式中：

$\overline{U}_t$ ——t 时间整个地基压缩土层的平均固结度（%）；

Q ——竖向排水体贯入比（竖向排水体深度与整个压缩土层厚度之比）；

$\overline{U}_1$ ——竖向排水体打入深度内土层的平均固结度（%），根据竖向和径向排水固结条件，按公式(11)计算；

$\overline{U}_2$ ——竖向排水体打入深度以下压缩土层的平均固结度（%），将竖向排水体底面作为排水面，按竖向排水公式(11)计算，排水距离为 H_2(m)；

H_1 ——竖向排水体深度（m）；

H_2 ——竖向排水体以下压缩土层厚度（m）。

    3）对长径比（长度与直径之比）大，井料渗透系数较小的袋装砂井或塑料排水板，应考虑井阻、涂抹和土层扰动影响。当考虑井阻、涂抹和扰动影响时，固结度可按如下方法确定：

    （1）有经验时，可按公式(11)或(13)计算出地基平均固结度再乘以经验折减系数，折减系数可取 0.85～0.95。

    （2）无经验时，可直接按公式(11)或(13)计算，此时 F_n 取为 F，F 按公式(15)确定：

$$F = F_n' + F_s + F_r \quad\cdots\cdots\cdots\cdots\cdots\cdots\cdots\cdots \quad (15)$$

$$F_n' = \ln n - \frac{3}{4} \quad (n \geqslant 15) \quad\cdots\cdots\cdots\cdots\cdots\cdots\cdots \quad (16)$$

$$F_s = \left(\frac{k_h}{k_s} - 1\right)\ln s \quad\cdots\cdots\cdots\cdots\cdots\cdots\cdots \quad (17)$$

$$F_r = \frac{\pi^2 L^2 k_h}{4 q_w} \quad\cdots\cdots\cdots\cdots\cdots\cdots\cdots\cdots\cdots \quad (18)$$

式中：

F_n' ——与井径比(n)有关的系数，当 $n<15$ 时，按公式(12)计算；

k_h ——天然状态下土层水平向渗透系数（cm/s）；

k_s ——涂抹区土的水平向渗透系数（cm/s），可按 1/3～1/5 的 k_h 取值；

s ——涂抹区直径与竖向排水体直径（或当量换算直径）的比值，可取 2.0～3.0，对中等灵敏黏性土取低值，对高灵敏黏性土取高值；

L ——竖向排水体深度（cm）；

q_w ——竖向排水体纵向通水量，为单位水力梯度下单位时间的排水量（cm³/d,）$q_w = k_w \pi d^2 / 4$，k_w 为排水体材料渗透系数，d 为其直径。

    b）固结沉降量计算：

      1）采用 $e - \lg p$ 曲线，计算公式为：

对于欠固结土：

$$S_c = \psi \sum_{i=1}^{n} \frac{h_i}{1 + e_{0i}} C_{ci} \lg \frac{p_{0i} + \Delta p_i}{p_{ci}} \quad\cdots\cdots\cdots\cdots\cdots\cdots \quad (19)$$

对于正常固结土：

$$S_c = \psi \sum_{i=1}^{n} \frac{h_i}{1 + e_{0i}} C_{ci} \lg \frac{p_{0i} + \Delta p_i}{p_{0i}} \quad\cdots\cdots\cdots\cdots\cdots\cdots \quad (20)$$

式中：

S_c ——总预压荷载下地基的固结沉降量（m）

h_i ——第 i 层土层的厚度（m）；

e_{0i} ——第 i 层土层的初始孔隙比；

C_{ci} ——第 i 层土层的压缩指数；

p_{0i} ——第 i 层土层的自重应力平均值（kPa）；

p_{ci} ——第 i 层土层的前期固结应力（kPa）；

Δp_i ——第 i 层土层中点的有效附加应力平均值（kPa）；

n ——土层层数；

ψ ——沉降计算经验系数。

    2） 采用 $e-p$ 曲线，按公式(21)计算：

$$S_c = \psi \sum_{i=1}^{n} \frac{e_{0i} - e_{1i}}{1 + e_{0i}} h_i \quad\cdots\cdots\cdots\cdots (21)$$

式中：

e_{0i} ——第 i 层土层中点的对应于自重应力 p_{0i} 由 $e-p$ 曲线查得的初始孔隙比；

e_{1i} ——第 i 层土层中点的对应于自重应力 p_{0i} 与附加应力 Δp_i 之和的孔隙比，由 $e-p$ 曲线查得；

ψ ——沉降计算经验系数可取 $1.1 \sim 1.6$，预压荷载大，地基土压缩性大时，取较大值，否则取较小值。

    3） 与堆载预压时间 t 对应的固结沉降量 S_t 可按下式估算：

$$S_t = S_c \overline{U_t} \quad\cdots\cdots\cdots\cdots (22)$$

式中：

$\overline{U_t}$ ——时间 t（从堆载预压始点起算）对应土层的主固结平均固结度，可用公式(11)或(13)计算。

    4） 次固结沉降量 S_s 可采用下式计算：

$$S_s = \sum_{i=1}^{n} \frac{h_i}{1 + e_{0i}} C_{ai} \lg \frac{t}{t_1} \quad\cdots\cdots\cdots\cdots (23)$$

式中：

C_{ai} ——次固结系数（无因次量），室内试验或现场测试在主固结完成之后，试验荷载不变的条件下，其孔隙比与时间对数关系曲线上的直线段斜率；

e_{0i} ——土层初始孔隙比；

t ——次固结沉降量计算时间（从卸载时间起算）；

t_1 ——相对于主固结完成 100% 的时间（从零起算）。

在无试验数据情况下，次固结系数 (C_a) 可用以下公式估算，并取其中的较大值：

$$C_a = 0.0002w_0 + 0.002 \quad\cdots\cdots\cdots\cdots (24)$$

$$C_a = 0.028C_c \quad\cdots\cdots\cdots\cdots (25)$$

式中：

w_0 ——土层初始含水率（%）；

C_c ——土层压缩指数。

    5） 卸载完成后剩余沉降量可按下式估算：

$$\Delta S = S_c + S_s - S_t \quad\cdots\cdots\cdots\cdots (26)$$

式中：

ΔS ——卸载完成后，对应使用荷载的剩余沉降量（m）；

其他符号同前。

  c） 稳定性分析

    1） 预压荷载下，对于正常固结软土地基中某点在任意时间 t 时土的抗剪强度，可按下式计算：

$$\tau_{ft} = \vartheta(\tau_{f0} + \Delta\tau_{fc}) \quad\cdots\cdots\cdots\cdots (27)$$

$$\Delta\tau_{fc} = \Delta\sigma_z U_t \tan\varphi_{cu} \quad \cdots\cdots\cdots\cdots\cdots\cdots\cdots\cdots \quad (28)$$

式中：

τ_{ft} ——加固过程中地基土 t 时刻的抗剪强度(kPa)；

τ_{f0} ——加固前天然地基土的抗剪强度(kPa)，可用十字板剪切试验现场测定；

$\Delta\tau_{fc}$ ——抗剪强度增量(kPa)；

$\Delta\sigma_z$ ——该点的附加竖向应力(kPa)；

φ_{cu} ——土的固结不排水剪内摩擦角(°)，由三轴固结不排水剪试验确定；

ϑ ——土体由剪切蠕动等因素而引起强度衰减的折减系数，可取 0.75~0.90，剪应力大时取低值，反之取高值。

    2) 堆载预压应进行各级荷载下地基的抗滑稳定性验算，在加载预压过程中，应根据地基土的强度增长和抗滑稳定性验算结果来进行加载速率设计。整体稳定性验算宜采用圆弧滑动法，稳定性计算方法可采用固结有效应力法或改进总强度法，有条件时也可采用简化 Bishop 法或 Janbu 法。当天然地基土的强度满足预压荷载下地基的稳定性要求时，可一次性加载，否则应分级逐渐加载。当抗滑稳定不能满足要求时[计算方法采用公式(29)]，可采用反压护道、土工织物、土工格栅等加固措施。

(1)采用固结有效应力法验算时，稳定安全系数计算式为：

$$F_s = \frac{\sum_A^B (c_{qi}L_i + W_{\mathrm{I}i}\cos\alpha_i \tan\varphi_{qi} + W_{\mathrm{II}i}\cos\alpha_i U_i \tan\varphi_{cqi}) + \sum_B^C (c_{qi}L_i + W_{\mathrm{II}i}\cos\alpha_i \tan\varphi_{qi})}{\sum_A^B (W_{\mathrm{I}} + W_{\mathrm{II}})_i \sin\alpha_i + \sum_B^C W_{\mathrm{II}i}\sin\alpha_i} \quad \cdots (29)$$

式中：

c_{qi}、φ_{qi} ——地基土或路堤填料快剪试验测得的黏聚力(kPa)和内摩擦角(°)；

φ_{cqi} ——地基土固结快剪试验测得的内摩擦角(°)；

U_i ——地基平均固结度(%)。

    其余符号见图 1。

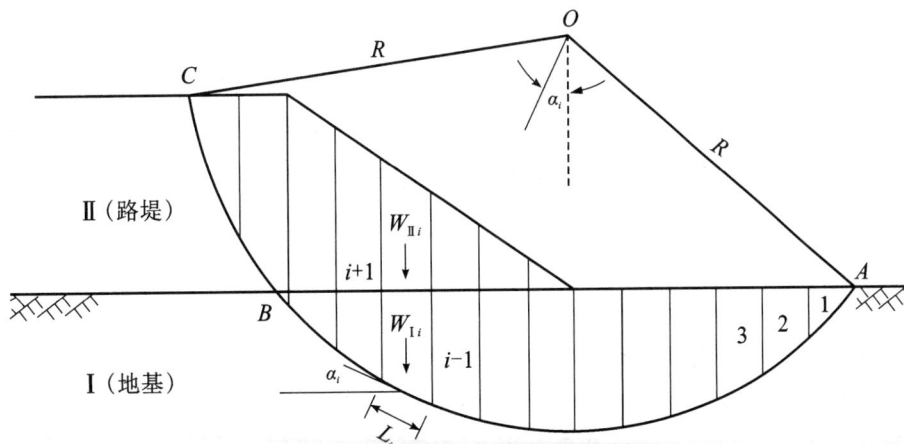

图 1 安全系数计算图示

(2)采用改进总强度法验算时，稳定安全系数计算式为：

$$F_s = \frac{\sum_A^B (S_{ui}L_i + W_{\mathrm{II}i}\cos\alpha_i U_i m_i) + \sum_B^C (c_{qi}L_i + W_{\mathrm{II}i}\cos\alpha_i \tan\varphi_{qi})}{\sum_A^B (W_{\mathrm{I}} + W_{\mathrm{II}})_i \sin\alpha_i + \sum_B^C W_{\mathrm{II}i}\sin\alpha_i} \quad \cdots\cdots\cdots\cdots\cdots (30)$$

式中：

S_{ui}——由静力触探试验的贯入阻力（单桥探头）或锥尖阻力（双桥探头）换算的十字板抗剪强度或直接由十字板试验得到的抗剪强度(kPa)；

m_i——地基土层强度增长系数，按表 14 取值。

其余符号意义同前。

表 14　地基土层强度增长系数 m_i

土名	泥炭	泥炭质土	有机质土	黏质土	粉质土
m_i	0.35	0.20	0.25	0.30	0.25

（3）采用简化 Bishop 法验算时，稳定安全系数计算式为：

$$F_s = \frac{\sum_A^B \{c_i'b_i + [(W_I + W_{II})_i u_i b_i]\tan\varphi_i\}/m_{I\alpha i} + \sum_B^C (c_{qi}b_i + W_{IIi}\cos\alpha_i \tan\varphi_{qi})/m_{II\alpha i}}{\sum_A^B (W_I + W_{II})_i \sin\alpha_i + \sum_B^C W_{IIi}\sin\alpha_i} \cdots\cdots (31)$$

$$m_{I\alpha i} = \cos\alpha_i + (\tan\varphi_i'\sin\alpha_i)/F_s \cdots\cdots\cdots\cdots\cdots (32)$$

$$m_{II\alpha i} = \cos\alpha_i + (\tan\varphi_{qi}'\sin\alpha_i)/F_s \cdots\cdots\cdots\cdots\cdots (33)$$

式中：

c_i'、φ_i'——地基土三轴试验测得的有效黏聚力(kPa)和有效内摩擦角(°)；

b_i——分条的水平宽度(m)，即 $b_i = L_i\cos\alpha_i$；

u_i——滑动面上的孔隙水压力(kPa)；

其余符号意义同前。

（4）采用 Janbu 法验算时，稳定安全系数计算公式为：

$$F_s = \frac{\sum_A^B \{c_i'b_i + [(W_I + W_{II})_i u_i b_i + \Delta T_i]\tan\varphi_i'\}/m_{I\alpha i}/\cos\alpha_i + \sum_B^C (c_{qi}b_i + W_{IIi}\cos\alpha_i \tan\varphi_{qi})/m_{II\alpha i}/\cos\alpha_i}{\sum_A^B (W_I + W_{II} + \Delta T)_i \tan\alpha_i + \sum_B^C (W_{II} + \Delta T)_i \sin\alpha_i}$$

$$\cdots\cdots\cdots\cdots\cdots\cdots\cdots\cdots\cdots\cdots\cdots\cdots\cdots\cdots\cdots (34)$$

式中：

ΔT_i——土条两侧边界上的剪力增量，可以根据土条两侧边界上法向力作用点位置的假定计算出来；

其余符号意义同前。

因为公式右端 $m_{\alpha i}$ 中含有 F_s，ΔT_i 计算过程中也含有 F_s，所以安全系数计算需要采用迭代法。

6.4　水泥土搅拌桩复合地基

6.4.1　适用条件

水泥土搅拌桩复合地基应满足下列适用条件：

a) 水泥土搅拌桩复合地基宜用于填土高度小于 7 m 的路段，软土的含水率大于 70％时适用高度应降低；

b) 水泥土搅拌桩适用于处理正常固结的淤泥、淤泥质土、素填土、黏性土(软塑、可塑)、粉土(稍密、中密)、粉细砂(松散、中密)中粗砂(松散、稍密)等土层。用于处理泥炭土、有机质土、pH 值小于 4 的酸性土、塑性指数大于 22 的黏土。在腐蚀环境中、软土含水率大于 70％和地下水流动、涨潮退潮时，以及在无工程经验的地区使用时，须通过现场试验确定其适用性；

c) 水泥土搅拌桩不适用于十字板抗剪强度小于 10 kPa 和有机质含量大于 10％的软土地基；

d) 地基土或地下水对混凝土具有中等以上侵蚀时，水泥土搅拌桩应采取抗腐蚀措施，宜通过现场和室内试验确定其适用性；

  e) 大粒径块石含量多的地基不宜采用水泥土搅拌桩；

  f) 当净空受限制时，可采用接杆式水泥土搅拌桩。

6.4.2 设计

水泥土搅拌桩复合地基设计应满足下列要求：

  a) 水泥土搅拌桩分为喷浆搅拌法和喷粉搅拌法。水泥土搅拌桩宜采用喷浆搅拌法，水泥浆水灰比宜采用0.55~0.65；当受地下动水、涨潮退潮影响浆液流失和软土含水率大于70%时，宜选用喷粉搅拌法；

  b) 水泥土搅拌桩复合地基加固范围不宜小于路堤底宽。桩径宜采用0.5 m~1.0 m，应根据公式(36)和公式(37)计算确定最经济桩径，加固深度大时宜采用大值，可按100 mm的模数调整；

  c) 固化材料可采用P.O.42.5R级水泥或水泥基固化剂，掺量宜为15%~20%，含水率高时取大值，如遇到土质极差时，可通过试验确定水泥掺量。受潮汐影响或作为止水帷幕用的搅拌桩固化剂宜采用早强的硅酸盐水泥；

  d) 桩长应根据上部结构对地基承载力和变形的要求确定，桩基应穿透软土层到达地基承载力相对较高的土层不小于1.0 m；当软土层较厚无法穿透时，在满足承载力和变形的情况下，可采用悬浮桩；

   1) 路堤下水泥土搅拌桩长度，应保证设桩后路基最小稳定安全系数符合JTG D30要求；

   2) 喷浆搅拌法水泥土搅拌桩的加固深度不宜大于25 m，喷粉搅拌法水泥土搅拌桩的加固深度不宜大于12 m；

   3) 水泥土搅拌桩施工应根据地质条件和试桩选用合适的搅拌钻头，可采用双向钻头、三维立体钻头等新型钻头，根据试桩确定采用两搅两喷、四搅四喷等施工工艺；

   4) 用于隔离保护的搅拌桩，可采用双轴或三轴搅拌桩。

  e) 桩间距：不应大于4倍桩径，可采用正方形或正三角形布置；

  f) 水泥土搅拌桩勘察设计阶段应进行拟处理土的室内配合比试验，并宜同步开展压缩试验和剪切试验。试验确定用于加固的水泥和固化剂的用量，但胶凝材料用量不得小于设计水泥用量。试验和试桩确定用土样可采用钻探或开挖的方式从地基中采集，宜为保持天然含水率的扰动样和部分原状样；土样应采用塑料袋或其他密封容器包装，防止水分流失；采样位置不应少于3处；

  g) 水泥土搅拌桩复合地基的承载力特征值，应通过现场单桩或多桩复合地基静载荷试验确定。初步设计时可按公式(35)估算：

$$f_{spk} = \lambda m \frac{R_a}{A_p} + \beta(1-m)f_{sk} \quad\cdots\cdots (35)$$

式中：

f_{spk}——复合地基承载力特征值(kPa)；

β——桩间土承载力折减系数；当桩端未经修正的承载力特征值大于桩周土的承载力特征值的平均值时，可取0.1~0.4，差值大时取低值；当桩端未经修正的承载力特征值小于或等于桩周土的承载力特征值的平均值时，可取0.5~0.9，差值大时或设置垫层时均取高值；若采用悬浮桩，可取0.9~1.0。

f_{sk}——桩间土承载力特征值(kPa)，可取天然地基承载力特征值；

R_a——单桩竖向承载力特征值(kN)；

A_p——桩的截面积(m²)；

m——桩体面积置换率；

λ——单桩承载力发挥系数，打穿软土时取1.0，悬浮桩可取0.85~1.0。

h) 单桩承载力特征值，应通过现场静载荷试验确定，初步设计时可按公式(36)估算，并应满足公式(37)的要求，应使由桩身材料强度确定的单桩承载力不小于由桩周土和桩端土的抗力所提供的单桩承载力：

$$R_a = U_p \sum q_{si} l_i + \alpha q_p A_p \quad\text{……………………………………(36)}$$

$$R_a = \eta f_{cu} A_p \quad\text{……………………………………(37)}$$

式中：

R_a ——单桩竖向承载力特征值(kN)；

U_p ——桩的周长(m)；

q_{si} ——桩周第 i 层土的侧摩阻力特征值(kPa)，对淤泥可取 4 kPa～7 kPa，对淤泥质土可取 6 kPa～12 kPa，对软塑状态的黏性土可取 10 kPa～15 kPa，对可塑状态的黏性土可取 12 kPa～18 kPa；

l_i ——桩长范围内第 i 层土的厚度(m)；

q_p ——桩端地基土未经修正的承载力特征值(kPa)，可按照 DBJ 15-31 要求取值；

α ——桩端天然地基土的承载力折减系数，可取 0.4～0.6，承载力高时取低值；

f_{cu} ——与搅拌桩桩身水泥土配比相同的室内水泥土试块(边长为 70.7 mm 的立方体)在标准养护条件下 90 d 龄期的立方体抗压强度平均值(kPa)；

η ——桩身强度折减系数，喷粉搅拌法可取 0.2～0.3，喷浆搅拌法可取 0.25～0.33，含水量大时取小值；

A_p ——桩的截面积(m²)。

i) 水泥土搅拌桩复合地基路堤整体稳定性分析前应验算桩身抗压性能，整体稳定性分析可采用圆弧滑动法，分析方法见 6.3.2.6 c)。滑动面上的复合地基加固区抗剪强度按公式(38)计算：

$$\tau_{sp} = m\tau_p + (1-m)\tau_s \quad\text{……………………………………(38)}$$

式中：

τ_{sp} ——复合地基加固区抗剪强度(kPa)；

τ_p ——桩体的抗剪强度(kPa)，可钻取试验路段水泥土 90 d 原状试件测无侧限抗压强度，按其 40% 计算，也可按设计配合比由室内制备的水泥土试件测得的无侧限抗压强度乘以 0.2 的折减系数求得；

τ_s ——地基土的抗剪强度(kPa)。

j) 复合地基沉降等于加固区沉降 S_1 与下卧层沉降 S_2 之和，附加应力计算应考虑附近路堤荷载的影响，沉降计算可采用分层总和法。路堤下复合地基加固区压缩模量宜取公式(39)和公式(40)计算压缩模量的平均值，结构物下复合地基加固区压缩模量宜采用公式(40)计算：

$$E_{sp} = mnE_s + (1-m)E_s \quad\text{……………………………………(39)}$$

$$E_{sp} = mE_p + (1-m)E_s \quad\text{……………………………………(40)}$$

式中：

E_{sp} ——复合地基加固区压缩模量(kPa)；

E_s ——桩间土压缩模量(kPa)；

E_p ——桩身压缩模量(kPa)，应通过压缩试验确定，无试验数据时可取 $E_p = (60～80)\eta f_{cu}$；

n ——桩顶处桩土应力比，一般取 4～6，桩土压缩模量比小、软土深度大时取小值。

1) 复合地基加固区的沉降 S_1 可按公式(41)计算：

$$S_1 = \sum_{i=1}^{n} \frac{\Delta p_i}{E_{spi}} \Delta h \quad\text{……………………………………(41)}$$

式中：

E_{spi} ——各分层的桩土复合压缩模量(kPa)；

Δp_i ——地基中各分层中点的附加应力增量；

Δh ——地基中各分层土的厚度(m)。

2) 加固区下卧层沉降 S_2 可按公式（42）计算：

$$S_2 = \psi s' = \psi \sum_{i=1}^{n} \frac{p_b}{E_{si}}(z_i \bar{\alpha}_i - z_{i-1} \bar{\alpha}_{i-1}) \quad\cdots\cdots\cdots\cdots\cdots\cdots\cdots (42)$$

式中：

S_2 ——加固区下卧土层沉降（mm）；

s' ——按分层总和法计算出的地基变形量（mm）；

ψ ——沉降计算经验系数，根据地区沉降观测资料及经验确定，无地区经验时可根据变形计算深度范围内压缩模量的当量值（$\bar{E}_s$）和加固区底面附加压力确定（按表 15 取值）；

n ——地基变形计算深度范围内所划分的土层数；

E_{si} ——加固区底面下第 i 层土的压缩模量（MPa），应取土的自重压力至土的自重压力与附加压力之和的压力段计算；

z_i、z_{i-1} ——加固区底面至第 i 层土、第 $i-1$ 层土底面的距离（m）；

$\bar{\alpha}_i$、$\bar{\alpha}_{i-1}$ ——加固区底面计算点至第 i 层土、第 $i-1$ 层土底面范围内平均附加应力系数，按照 GB 50007 附录 K 要求采用；

p_b ——加固区底面处附加压力（kPa）。

表 15 沉降计算经验系数 ψ

单位为 MPa

加固区底面附加压力 $\bar{E}_s$	2.5	4.0	7.0	15.0	20.0
$p_b \geq f_{ak}$	1.4	1.3	1.0	0.4	0.2
$p_b \leq 0.75 f_{ak}$	1.1	1.0	0.7	0.4	0.2

注 1：$\bar{E}_s = \dfrac{\sum A_i}{\sum \dfrac{A_i}{E_{si}}}$，其中 A_i 为第 i 层土附加应力系数沿土层厚度的积分值。

注 2：f_{ak}——地基承载力特征值。

注 3：p_b 可采用等效实体法按公式（43）确定，计算简图如图 2 所示。

$$p_b = \frac{BLp - (2B+2L)hf}{BL} \quad\cdots\cdots\cdots\cdots\cdots\cdots\cdots (43)$$

式中：

f ——桩侧摩阻力（kPa），可取桩土极限摩阻力的一半；

B、L ——分别为加固区范围内路堤荷载作用的等效宽度和长度（m）；

h ——加固区厚度（m）；

p ——加固区顶面附加应力值（kPa）。

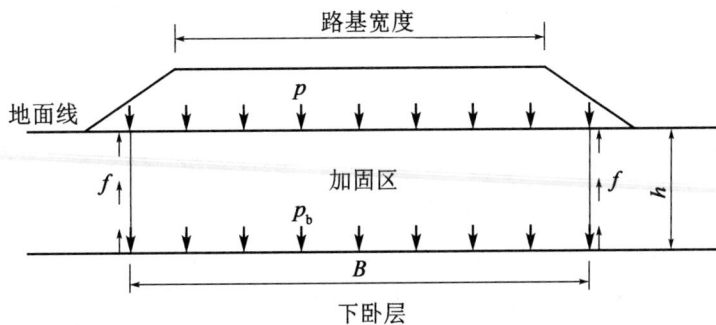

图 2 等效实体法计算简图

（珠海淤泥为欠固结状态，一般上部为负摩阻力，下部为正摩阻力，因此要予以说明）

k) 水泥土搅拌桩复合地基的工后沉降，应根据固结分析确定，复合地基固结系数 c_{sp} 宜采用式（44）计算：

$$c_{sp} = \frac{1-m+mn}{1-m} c_s \quad \cdots\cdots\cdots\cdots\cdots\cdots\cdots\cdots\cdots (44)$$

式中：

c_{sp} ——复合地基固结系数（cm^2/s）；

c_s ——桩间土固结系数（cm^2/s）；

m ——桩体面积置换率；

n ——桩顶处桩土应力比。

l) 当水泥土搅拌桩处理深度以下存在软弱下卧层时，应进行下卧层承载力验算；

m) 水泥土搅拌桩桩顶应铺设 40 cm～60 cm 的垫层，材料可采用中粗砂、级配碎石或石屑，最大粒径宜小于 30 mm，夯填度不应大于 0.9。垫层宜设置加筋材料，桩顶与路床顶面的距离小于桩顶处桩间净距时应采取加厚垫层、增强土工格栅等措施；

n) 水泥土搅拌桩复合地基宜等载预压，预压时间不宜少于 3 个月；

o) 水泥土搅拌桩试桩应符合下列要求：

1) 同类型的搅拌桩机均应进行工艺性试桩，检验其施工性能对项目的适应性，试桩数量根据设备、工艺和固化材料综合确定，每种设备、工艺、固化材料的试桩不宜少于 3 根；

2) 正式施工前应在勘察孔附近进行基本试桩，检验或确定设计参数（几喷几搅，下沉、提升速度，海相软土固化剂等），每种工艺材料掺入量试桩数量不宜少于 6 根，应检查 28 d 龄期桩身强度成桩效果及承载力。

p) 水泥土搅拌桩施工机械设备优先选用智能化设备，并应安装智能监控系统进行施工全过程监控。

6.5 高压旋喷桩复合地基

6.5.1 适用条件

高压旋喷桩复合地基应满足下列适用条件：

a) 当软土地基处理的施工空间受到限制时，或当软土层上方存在较厚硬土层时，可采用高压旋喷桩复合地基。高压旋喷桩可用作拓宽等工程中的隔离墙；

b) 地基中有机质含量高或地下水流动时，应通过现场试验验证高压旋喷桩的适用性。地基土或地下水对素混凝土具有中等以上侵蚀时，不宜采用高压旋喷桩；

c) 高压旋喷桩施工时，可能引起周围地面开裂。在进行软土地基处理方案选择和设计时，应收集邻近既有建筑物、地下埋设物等资料，并应考虑高压旋喷桩施工扰动的影响程度。对于邻近敏感性建构筑物，应征得相关产权单位许可或出具相应安全评估报告；

d) 旋喷桩处理深度宜小于 30 m；

e) 旋喷桩宜进行现场试验性施工或根据类似工程经验确定施工工艺和施工参数。

6.5.2 设计

高压旋喷桩复合地基设计应满足下列要求：

a) 宜采用单重管高压旋喷桩，桩径宜采用 50 cm～60 cm，宜通过现场试验确定桩径；

b) 必要时可掺一定比例的早强剂、速凝剂和减水剂等外加剂；

c) 水灰比宜为 0.8～1.5，水泥用量可按照公式（45）计算，采用单重管法时：

$$M_c = \frac{\pi d^2 K(1+a_1)\rho}{4(1+a_2)} \quad \cdots\cdots\cdots\cdots\cdots\cdots\cdots\cdots (45)$$

式中：

M_c ——每延米水泥用量（kg/m）；

d ——设计桩径（m）；

K ——充填率，宜取 0.75～0.9；

a_1 ——损失系数，宜取 0.1～0.2；

ρ ——浆液密度（kg/m³）；

a_2 ——水灰比。

ρ 根据设计水灰比 a_2 试验确定，也可按照公式（2）估算：

$$\rho = \frac{\rho_w d_c (1+a_2)}{1+a_2 d_c} \quad\quad\quad\quad (46)$$

式中：

ρ_w ——水的密度（kg/m³）；

d_c ——水泥的相对密度，可取 3.1；

d) 软土中旋喷桩 28 d 芯样无侧限抗压强度应大于 1.5 MPa；

e) 桩身强度折减系数 η 可取 0.3～0.4；

f) 其他设计同搅拌桩。

6.6 桩网复合地基

6.6.1 适用条件

桩网复合地基应满足下列适用条件：

a) 软土深度大于 20 m 或路堤高度大于 7 m 的路段；

b) 工期紧的路段；

c) 既有路沉降基本结束的拓宽工程；

d) 桥头或通道与路堤衔接段；

e) 桩持力的基岩面倾斜严重且基岩上硬土层较薄时应慎用桩网复合地基；

f) 桩顶覆土较薄无法形成土拱效应时应慎用桩网复合地基；

g) 欠固结淤泥、新近填土、新近吹填场地，应慎用管桩桩网复合地基。

6.6.2 设计

6.6.2.1 桩设计

桩设计应满足下列要求：

a) 软土地基处理可按照 JGJ/T 406—2017 描述的方法采用地基处理用管桩桩型、预制混凝土方桩、现浇素混凝土桩、现浇大直径管桩等刚性桩。预应力混凝土管桩外径宜为 300 mm～500 mm，壁厚宜为 60 mm～100 mm；素混凝土桩直径宜为 400 mm～500 mm，混凝土抗压强度等级宜为 C20～C30；

b) 刚性桩加固范围不宜小于路堤底宽，宜正方形布置，桩间距不宜小于 4 倍～6 倍桩径或边长，桩长可根据工程对地基稳定和变形要求，结合地质条件，通过计算确定；

c) 刚性桩单桩承载力及复合地基承载力计算参照 7.4 节执行。其中单桩承载力发挥系数 λ 和桩间土承载力折减系数 β 宜结合具体工程按珠海地区经验进行取值，无地区经验时，λ 可取 1.0；当加固桩属于端承桩时，桩间土承载力折减系数 β 可取 0.1～0.4；当加固桩属于摩擦型桩时，β 可取 0.5～0.9；当处理对象为松散填土层、欠固结软土层、自重湿陷性土等有明显工后沉降的地基时，β 可取 0；

d) 挤土效应可能对周边构筑物产生不利影响时，管桩桩端应采用开口型，其他情况应设置封口型桩尖。

6.6.2.2 桩帽设计

桩帽设计应满足下列要求：

a) 路堤下桩网复合地基应设桩帽，桩帽厚度应不小于 35 cm，桩帽覆盖率宜大于 25%，应使桩帽顶面与路床顶面的高差满足公式(47)，且不宜小于 2 m。桩顶面以上填土小于 2 m 时或桩身可能承受较大水平力时，宜采用桩筏基础。

$$H \geqslant 1.2 \times \frac{0.707(D-b)}{\tan \varphi_f} \quad \text{.............................} \quad (47)$$

式中：

H ——桩帽顶面与路床顶面的高度差(m)；

D ——桩间距(m)；

b ——桩帽边长(m)；

φ_f ——路堤填料综合内摩擦角(°)，计算时可按 25°～30° 取值，采用粗颗粒填料时取大值，采用细颗粒填料时取小值。

b) 桩帽混凝土强度等级不宜低于 C30，钢筋直径不宜小于 10 mm。

c) 桩顶进入桩帽应不少于 5 cm，预制管桩的桩和桩帽之间宜采用钢筋连接，锚固长度不得小于 35 倍钢筋直径；现浇素混凝土桩的桩顶宜插设不少于 4 根直径 16 mm 主筋的钢筋笼或钢管，钢筋笼和钢管长度不宜小于 3 m。

6.6.2.3 垫层设计

垫层设计应满足下列要求：

a) 桩帽顶上应铺设一定厚度、强度、刚度、完整连续的柔性土工合成材料加筋垫层。垫层形式应根据设计荷载大小和要求以及具体地基土层的条件确定，宜选择土工格栅加筋垫层、高强度土工布加筋垫层、土工格室加筋垫层等，桩顶覆土较薄时优先选用土工格室加筋垫层，加筋垫层应符合下列要求：

    1) 土工合成材料应具有抗拉强度高、切线模量高、非脆性、耐久性良好、抗老化、抗腐蚀等工程性质；

    2) 垫层材料宜选择中粗砂、级配良好的碎石、砂砾等，垫层的厚度不宜小于 50 cm，垫层夯填度不大于 0.9。

b) 加筋材料设计荷载对应的延伸率宜小于 6%，蠕变延伸率小于 2%，累计延伸率应小于极限抗拉强度对应的延伸率的 70%。

6.6.2.4 路堤设计

路堤设计应满足下列要求：

a) 桩间土较松软时须对桩间土采取加固措施；

b) 预压时间不宜少于 2 个月；

c) 桩网复合地基路堤应分析整体剪切滑动稳定性、绕流滑动稳定性，具体分析方法按附录 F 执行；

d) 路堤的总沉降及工后沉降：

    1) 复合地基总沉降宜按公式(48)计算，若采用了桩网复合路基结构，其沉降可按附录 E 进行计算分析；

$$S = S_1 + S_2 \quad \cdots\cdots\cdots\cdots\cdots\cdots\cdots\cdots\cdots\cdots\cdots\cdots\cdots\cdots \quad (48)$$

式中：

S ——复合地基沉降（m）；

S_1 ——加固区沉降（m）；

S_2 ——下卧层沉降（m）。

    2) 桩帽下填土厚度较大时，加固区沉降宜按附录 E 计算，否则加固区沉降可采用承载力比法进行计算，计算公式如下：

$$s_1 = \psi \sum_{i=1}^{n_1} \frac{p_0}{E_{spi}} (z_i \bar{\alpha}_i - z_{i-1} \bar{\alpha}_{i-1}) \quad \cdots\cdots\cdots\cdots\cdots\cdots \quad (49)$$

$$E_{spi} = E_{si} f_{spk} / f_{sk} \quad \cdots\cdots\cdots\cdots\cdots\cdots\cdots\cdots\cdots\cdots \quad (50)$$

式中：

E_{spi} ——第 i 层土复合压缩模量（MPa）；

E_{si} ——基底底面下第 i 层土的压缩模量（MPa），采用地基土在自重压力至自重压力加附加压力作用时的压缩模量；

z_i、z_{i-1} ——地基顶面至第 i 层土、第 $i-1$ 层土底面的距离（m）；

$\bar{\alpha}_i$、$\bar{\alpha}_{i-1}$ ——地基顶面计算点至第 i 层土、第 $i-1$ 层土底面深度范围内平均附加应力系数，按照 GB 50007 附录 K 要求选用。

ψ ——沉降计算经验系数，根据表 15 进行取值；

f_{spk} ——复合地基承载力特征值（kPa）；

f_{sk} ——天然地基承载力特征值（kPa）；

p_0 ——地基顶面处的附加压力（kPa）。

    e) 下卧层沉降应根据附加应力采用分层总和法计算。附加应力的计算不考虑桩体对地基中应力分布的影响，采用 Boussinesq 解进行计算；

    f) 刚性桩不与排水固结联合应用时，桩间土固结系数宜乘以 $\frac{1-m+mn}{1-m}$。桩土应力比 n 可根据本文件附录 E 进行计算；

    g) 下卧层固结度计算可按天然地基计算，可忽略刚性桩的影响；

    h) 桩网复合地基路基工后沉降宜按公式(51)计算：

$$S_{rT} = S_1(U_{12} - U_{11}) + S_2(U_{22} - U_{21}) \quad \cdots\cdots\cdots\cdots \quad (51)$$

式中：

S_{rT} ——工后沉降（m）；

U_{11} ——通车时加固区固结度（%）；

U_{12} ——路面设计使用年限末加固区固结度（%）；

U_{21} ——通车时下卧层固结度（%）；

U_{22} ——路面设计使用年限末下卧层固结度（%）。

6.7 气泡混合轻质土

6.7.1 适用条件

气泡混合轻质土适用于下列路段：

    a) 软土地基既有路堤拓宽路段；

    b) 路堤高度大于排水固结路堤适用高度的路段；

    c) 台背、涵背回填路段；

d) 需要采用直立式路堤的路段；

e) 工后沉降过大路段；

f) 其他需要减荷或减少水平压力、坍塌抢险、用地受限或碾压困难的路段。

6.7.2 设计

气泡混合轻质土设计应满足下列要求：

a) 轻质材料路堤结构设计应采取有效的防护措施，轻质材料不得直接裸露。路基横断面可采用设置支挡结构的直立式路堤或包边护坡的斜坡式路堤，轻质材料填筑厚度应根据工后沉降计算确定；

b) 轻质土浇筑体底宽应不小于浇筑体高度的 0.2 倍，且不得小于 2.0 m；

c) 宜在填筑体底层设置碎石垫层，垫层厚度不宜小于 150 mm；

d) 应根据设计条件及荷载条件，选择气泡混合轻质土的断面尺寸和性能指标。气泡混合轻质土的施工最小湿重度不应小于 6.0 kN/m³，施工最大湿重度不宜大于 11.0 kN/m³，流值宜为 170 mm～190 mm，且常用断面尺寸和无侧限抗压强度指标应分别符合表 16 和表 17 的要求；

表 16 常用填筑体断面尺寸

单位为 m

项目内容	范围	备注
填筑高度 H	0.5～15.0	—
底面宽度 B_L	≥2.0	—
台阶宽度 B_T	≥0.8	填筑高度超过 3 m 设置
富余宽度 B_F	0.3～0.8	—
典型填筑断面形式	局部填筑横断面图　　全断面填筑横断面图	

表 17 用于路基的气泡混合轻质土无侧限抗压强度指标

单位为 MPa

项目内容		无侧限抗压强度	
		高速公路、一级公路	二级及二级以下公路
路床	轻、中等及重交通	≥0.8	—
	特重、极重交通	≥1.0	
上路堤、下路堤		≥0.6	≥0.5
地基土置换		>0.4	
地下水位以下		≥0.6	

注 1：无侧限抗压强度为龄期 28 d、边长 100 mm 的立方体抗压强度。

注 2：特重、极重交通高速公路及一级公路路床部位的轻质土配合比宜采用掺砂配合比，流值宜为 150 mm～170 mm，且砂与水泥的质量比宜控制在 0.5～2.0。

e) 当轻质土置于平面与斜面交界处时，可将其分成坡前和坡上两部分计算滑动力和抗滑抵抗力，底面抗滑稳定性可参考下图3，按公式(52)验算：

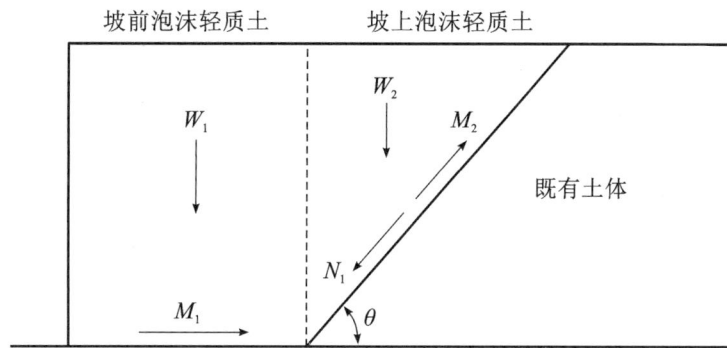

图 3　轻质土换填抗滑稳定性验算示意图

$$F_s = \frac{M_1 + M_2 \cos\theta}{N_1 \cos\theta} = \frac{fW_1 + fW_2 \cos\theta \cos\theta}{W_2 \sin\theta \cos\theta} \geqslant 1.3 \quad\cdots\cdots\cdots\cdots\cdots\cdots\cdots (52)$$

式中：

M_1 ——沿水平面的抗滑力(kN)；

M_2 ——沿斜坡面的抗滑力(kN)；

N_1 ——沿斜坡面的下滑力(kN)；

W_1 ——坡前泡沫轻质土的自重及上部荷载(kN)；

W_2 ——坡上泡沫轻质土的自重及上部荷载(kN)；

θ ——斜坡面与水平面交角(°)；

f ——轻质土与地基土的摩擦系数，无实测资料时可取 0.5；当轻质土与地基之间铺设防水土工布时，应通过试验确定轻质土与地基的摩擦系数。

f) 填筑体有地震力作用时，按照 JTG B02—2013 要求执行；

g) 填筑体内距底面和顶面 0.5 m～1 m 处，应分别设置 1～2 层钢丝网，钢丝网规格为 $\phi3.2-\phi6@100$ mm×100 mm；

h) 当填筑体长度超过 15 m 时，应按 5 m～15 m 间距设置变形缝，在断面突变处应设变形缝，变形缝材料可采用 20 mm～30 mm 厚聚苯乙烯板或 10 mm～20 mm 厚木板；

i) 当填筑体与桥台台背之间设置缓冲层时，其缓冲材料宜采用 20 mm～30 mm 厚聚苯乙烯板；

j) 轻质土路堤应进行路基稳定性验算和承载力验算。在地下水位以下部位填筑时，应对填筑体进行抗浮验算；

k) 地下水位以下的泡沫轻质土仅用于控制沉降时，可不采取隔断地下水的防水措施；用于地下结构或地下管线减载时，宜采取隔断、疏通地下水的防、排水措施；

l) 地基沉降计算时，总沉降修正系数宜取 1.0～1.1。当地基承载力大于两倍的路堤荷载时，取小值；

m) 用于地下结构或管线顶部减载换填时，泡沫轻质土自重和其他荷载的总和应小于地下结构或管线所能承受最大荷载的 0.9 倍；

n) 在填筑体顶面有纵坡、横坡要求时，宜在顶层分级设置台阶，台阶部分宜采用路面底基层材料调整；

o) 配合比设计应以填筑体所要求的性能及使用材料特性为依据进行；

p) 目标配合比指标包括湿重度、流动度及抗压强度，应满足如下要求：

　　1) 湿重度偏差控制在 ±10% 范围；

　　2) 流动度控制在 180 mm±20 mm 范围；

　　3) 在规定龄期内，抗压强度应达到目标值。

6.8 过渡段软土地基处理

6.8.1 扩建路段

6.8.1.1 既有软土地基分析评价

既有软土地基分析评价应包括下列内容：

a) 应搜集并获得原有道路的设计、施工、养护及现有勘察等相关资料；应对原有道路的软土地基处治效果进行评价；进行拓宽部分对原有道路的影响分析评价。必要时应选择代表性断面对既有公路路面结构层、路床、路堤及地基进行勘探试验；

b) 按照新建路基的要求，对拓宽路基范围的软土地基进行勘察。拓宽路基的勘探孔宜与原有勘探孔布设在同一横断面上，并应尽可能利用既有公路的勘察资料。宜在既有路基中部、边坡和坡脚分别布置一定数量的勘探孔，以探明已完成的沉降及路堤填土现状等；

c) 应根据监测、养护和勘察资料，分析既有公路软土地基的固结度、固结系数、压缩系数、强度增长和剩余沉降等；

d) 应分析评价拓宽路基与既有路基的稳定性和差异沉降，以及拓宽路基对既有路基稳定性和沉降的影响程度，并应提出拓宽路堤软土地基处理措施的建议。

6.8.1.2 设计

扩建路段设计应满足下列要求：

a) 公路拓宽路基的软土地基处理应根据既有公路的地形、地貌、水文地质与工程地质、软土分布与特性、构筑物设置情况、填土高度、运营状况和拓宽方式，采取相应的处理措施，保证拓宽公路与既有公路路基及构筑物的安全；

b) 公路拓宽路基的软土地基处理设计，应结合路基及其拼接、既有路面处理计划、拓宽路面及其拼接、地基与路堤施工方案等进行综合设计。应保证拓宽路基与既有路基之间衔接良好，变形协调，防止产生纵向裂缝；

c) 公路拓宽路基的软土地基处理，在纵向宜以结构物间分段。

d) 公路拓宽路基的软土地基处理设计应进行下列分析：

　　1) 路堤沉降变形分析；

　　2) 公路拓宽各阶段的路堤整体稳定性分析及局部稳定性分析；

　　3) 公路拓宽路基对既有路基的影响分析。

e) 公路拓宽路基的软土地基处理主要措施有桩承堤、复合地基、气泡混合轻质土法、换填、排水固结法，应满足下列要求：

　　1) 与沉降基本完成的既有路堤、桥梁、涵洞、通道等构造物相邻的拓宽路段，路基拓宽宜采用桩承堤、复合地基，并宜等载或超载预压，也可采用气泡混合轻质土；

　　2) 采用气泡混合轻质土时，应通过承载力验算及整体稳定性分析，确定设计参数；

　　3) 换填深度不宜超过 2 m，应分析既有路基整体和水平滑动稳定性；

　　4) 排水固结法主要应用在路堤高度小、与低等级公路拼接、既有公路未处理或剩余沉降较大、与既有公路分离等情况。采用排水固结法，新老路堤分离设置，且距离小于 20 m 时（软土厚度大时取大值，软土厚度小时取小值），应在新老路堤之间设置隔离墙。隔离墙可采用搅拌桩、高压旋喷桩或灌注桩，应根据软土地基深度、沉降大小等选择隔离墙类型，隔离桩应穿透软土层。

f) 既有公路为填砂路基时，应分析公路拓宽导致既有公路坍塌的可能性，必要时采取防护措施；

g) 新旧路基连接处设置土工织物时，应验算路堤的整体稳定性。按照GB50292要求，通过设计计算并进行现场试验后确定。土工合成材料应采用抗拉强度较高、耐久性好、抗腐蚀的土工带、土工格栅、土工格室、土工垫或土工织物等，应保证路堤稳定并满足允许变形的要求；

h) 对新旧路基连接处，必要时采用增强大路面厚度、增设搭板的方式处理。

6.8.2 桥头路段设计

桥头路段设计应满足下列要求：

a) 应在桥台结构、桥头路堤、软土地基处理等方面采取措施，避免桥台推移，实现桥台与台后路堤的平顺过渡。

b) 设计包括下列内容：

1) 桥头路堤应满足下列要求：

　(1) 应科学确定桥头填土高度，避免桥头工后沉降过大或地基处理难度过大、造价过高；

　(2) 对位于深厚软土地基、且台后填土高度较高的桥台，为减少桥台推移，台前宜做反压设计或加固处理。台前应保证有足够的反压长度，不宜少于 10 m，具体反压长度须根据滑动稳定性验算确定；反压高度宜取台后填土高度的 0.5 倍～0.7 倍，必要时要分级放坡；

　(3) 气泡混合轻质土用于减少桥台侧压力时，其底部纵向长度不宜小于 5 m；

　(4) 桥台反开挖施工时，应尽量减小反开挖的范围。

2) 软土地基处理应满足下列要求：

　(1) 排水固结法处理的桥头路段应超载并充分预压；

　(2) 台前填土范围，应进行软土地基处理，处理方法与台后相同；

　(3) 桥台附近应设置过渡段，过渡段长度宜大于公式(53)计算的 L_t：

$$L_t = \frac{\Delta S}{i_{sa}} \quad\text{(53)}$$

式中：

L_t——过渡段最小长度(m)；

ΔS——工后最大差异沉降；

i_{sa}——容许工后差异沉降率，见表9。

　(4) 桥台与线路斜交时，软土地基处理方案和设计参数变化应尽可能保证路基同一横断面处工后沉降相等。

6.8.3 涵洞(通道)路段设计

涵洞(通道)路段设计应满足下列要求：

a) 涵洞(通道)路段软土地基处理应实现涵洞(通道)与相邻路段平顺过渡。宜采用与相邻路段相同类型的软土地基处理法；

b) 设计应满足下列要求：

1) 当工期许可且路堤高度小于 6 m 时，软土地基处理宜采用排水固结，涵洞(通道)宜采用反开挖施工；

2) 采用排水固结时，应加密涵洞(通道)处的竖向排水体，并宜进行超载预压。涵洞(通道)端部(路基侧)地基处理宜采用小型混凝土预制桩、木桩换填等措施予以加强；

3) 当受工期、排灌、交通等限制无法采用反开挖施工时，软土地基处理应采用复合地基。涵洞(通道)下软土很软弱时，涵洞(通道)与混凝土桩之间不宜设置褥垫层，涵洞(通道)两侧应设置过渡段。涵洞(通道)地基处理宽度宜不小于 $5B$(B 为涵洞宽度)和 $B+2L_t$；

4) 涵洞(通道)与线路斜交时，软基处理范围端部界限应与道路呈正交状。

7 软土地基处理施工

7.1 一般原则

7.1.1 施工前应按下列要求调查软土地基处理施工现场及周围环境情况，复核地基处理方案，编制实施性施工组织设计。

a) 施工前应测量上跨路基的电线、桥梁与地面的净空，并根据净空和施工安全规定选择相适应的施工机械。实测净空与设计图纸偏差较大时应提出。

b) 施工前应核实路基范围内的地下管线、构筑物，并按要求采取迁改、保护等措施。

c) 施工前应踏勘查明或测量路基范围内及其两侧 30 m 范围内的地形、地貌、标高、地物等，现场情况与图纸存在明显差别或影响施工时应提出。

d) 沟谷路段应在施工前采用挖掘机进行挖探，核实地质情况、软土空间范围等。当情况与地质资料不符或出现异常时，应及时向设计单位提出。

e) 对可能受地基处理、路堤填筑影响等的建(构)筑物，施工前应由有资质的鉴定单位对其进行鉴定，做好记录。

7.1.2 公路软土地基路段施工安排应考虑与相邻工程、桩基与结构物的相互影响，并应符合下列要求：

a) 互通范围内，采用排水固结、水泥土搅拌桩复合地基、高压旋喷桩复合地基处理的路堤，应先进行地基处理和路堤填筑，然后再施工附近桥梁；采用管桩等复合地基的路堤应先进行地基处理，再施工附近的桥梁；

b) 对台前有锥坡的桥台，桥台桩基应在桥头路堤包括沉降土方的所有土方填筑完毕后不少于 15 d，且水平位移速率不大于 0.2 mm/d 时施工；桩基施工时不应减少路堤土；采用排水固结时，与桥台相邻的桥墩桩基宜采用与桥台桩基相同的施工时间；

c) 桥头台背及过渡路段采用轻质土填筑时，应对轻质土路堤长度＋2 倍路堤高度范围先进行等载预压，预压至推算工后沉降小于 5 cm 时方可反开挖施工轻质土；

d) 存在改沟、改河的路段，应先改沟、改河，后进行地基处理和路堤填筑；

e) 主线采用管桩、高压旋喷桩等挤土型桩的复合地基，辅道采用复合地基的路段，应先进行主线地基处理，然后进行辅道地基处理；

f) 涵洞采用复合地基时，涵洞及其两侧 20 m 范围内路堤应在涵洞底板施工后再填筑；

g) 管桩等桩网复合地基与排水固结联合应用时，应先施工排水板或袋装砂井，然后填筑 0.5 m 厚路堤上，最后施工刚性桩；

h) 管桩、高压旋喷桩等应由路基中间向两侧施工，由既有建(构)筑物、地下管线向远处施工，由既有沟渠向远处施工，由桥台向远处施工；

i) 复合地基宜采用后退式施工，避免施工机械挤压已施工的桩。

7.1.3 当存在软基处理施工涉及邻近建(构)筑物安全、路基附近改沟改河、路基临时加载(施工便道、临时堆载、梁板预制场、进行架梁作业等)的情况时，应对路基安全稳定性与邻近建(构)筑物安全进行专项评估，并由总监理工程师组织召开专题评审会议，通过后方可实施。

7.1.4 软土地基处理施工机械类型、性能参数应与桩长、地质相匹配，软土地基处理、路堤填筑机械宜安装行驶轨迹自动记录仪和施工参数自动记录仪，施工机械操作员、焊工应持证上岗。

7.1.5 水泥土搅拌桩、锤击施工的管桩等在正式施工前应选择代表性工点进行试桩，重点验证桩身完整性、强度或承载力是否满足设计要求。试桩数量根据设计要求确定，试桩优先选取有地质勘察孔的位置。试桩之前应由施工单位编制专项试桩实施方案，经监理单位、设计单位、业主单位审批后方可实施，试桩完成后应由施工单位进行总结并形成专项报告，由监理单位或建设单位组织专项评审会确定具体施工参数。试桩总结报告应包括下列内容：

a) 工程概况；

b) 试桩目的；

c) 试桩场地和地质情况；

d) 试桩所采用的相关设计参数；

e) 试桩所采用施工机械的主要参数；

f) 施工过程成桩工艺性参数控制情况；

g) 监测检测方法与数据分析；

h) 总结与建议。

7.1.6 软基处理过程中，试桩不满足设计要求，实际地质情况与勘察报告存在明显出入，路基两侧30 m 范围内存在开挖或堆载作业，周围建（构）筑物出现异常等情况时应及时向建设单位提出。

7.1.7 地基处理所需要的砂、碎石、砂井袋、排水板、水泥、水、土工布、密封膜、格栅、钢筋等在施工前均应按规范要求进行检测，合格后方可使用。每个批次、每种规格的原材料、半成品、成品均应检测合格。

7.1.8 地基处理所需要的原材料、半成品、成品应妥善储存，砂井袋、塑料排水板、土工格栅、土工布、密封膜等应防止阳光照射、污染和破损。

7.1.9 路堤软土地基处理、路堤填筑宜整幅施工。

7.1.10 水泥土桩采用外加剂时，应结合试桩结果选择相应的配合比和外加剂掺入量。

7.1.11 软基处理正式施工前，应由施工单位项目技术负责人向现场管理人员和施工班组进行安全技术交底。

7.2 换填垫层

换填施工应符合下列要求：

a) 换填区邻近既有建（构）筑物时，应监测换填基坑边坡和建（构）筑物的变形；

b) 回填前应检查开挖深度、基底土质是否满足设计要求；

c) 回填粉质黏土、黏土等弱透水性材料时应设置排水盲沟以避免坑内积水，地下水丰富且回填砂、碎石或卵石时可水下回填；

d) 回填料密实度应满足设计要求，采用弱透水性材料时分层松铺厚度不应大于 30 cm，采用砂、石屑、碎石、卵石等透水性材料或气泡混合轻质土时分层松铺厚度不应大于 50 cm；

e) 挖除的土方应放置到批复或指定的弃土场中，并应采取措施确保弃土稳定安全；

f) 干作业条件下，回填质量应按路堤填筑要求检验；

g) 开挖范围和回填情况应详细记录、拍全景照留底。

7.3 排水固结

7.3.1 地基处理前，路基两侧应开挖永久或临时排水沟。浸水路段应加强排水，避免路基范围的围堰内积水。应监测软基处理施工期间的地基沉降。

7.3.2 施工便道应避免掩埋排水垫层和车辙切断排水垫层。

7.3.3 排水垫层施工

排水垫层施工应符合下列要求：

a) 排水垫层的宽度、厚度应满足设计要求；

b) 排水垫层两侧应开挖排水沟并保证排水顺畅；

c) 含有污染土的路段应对固结排出的污水进行隔离和收集，并经处理达到国家相关标准后再排放。

7.3.4 竖向排水体施工

竖向排水体施工应符合下列要求：

a) 竖向排水体施工宜采用履带式施工设备，砂井机套管内径不宜大于袋装砂井直径的 1.5 倍，塑料排水板宜采用菱形套管；

b) 插板机宜配备能自动记录排水板长度的记录仪；

c) 应采用可检测打设深度的带有长度标识或铜丝、铁丝的塑料排水板；

d) 竖向排水体应沿线路每约 20 m 试打确定打设深度。横向软土分布差异较大时，沿横向也应试打竖向排水体；试打完成后，由监理单位组织业主单位、设计单位、施工单位召开专题会议确定竖向排水体施工长度；

e) 袋装砂井应采用振动灌砂机灌砂，灌砂机应高于砂井长度的 0.5 倍。吊打施工袋装砂井断裂时，砂井袋应重新检测；

f) 塑料排水板、袋装砂井施工机械套管口应光滑，塑料排水板或袋装砂井破损时或回带长度大于 0.5 m 时应补打；

g) 竖向排水体施工带出的淤泥应清除。

7.3.5 加筋材料施工

加筋材料施工应符合下列要求：

a) 铺设加筋材料的基底应平整，基底不应留路拱；

b) 加筋材料强度高的方向应沿路堤横向铺设；

c) 加筋材料铺设宽度、端部锚固等处理措施应满足设计要求；

d) 加筋材料应张拉平直、绷紧并按设计固定，不应褶皱或松鼓；

e) 加筋材料搭接宽度、连接方式应满足设计要求，连接强度不应低于其极限抗拉强度；

f) 加筋材料铺设后曝晒时间不应超过 48 h；

g) 施工机械不应直接碾压加筋材料，土工格栅上面填料厚度小于 0.6 m 时不应采用重型压实机械压实。

7.3.6 水载预压施工

水载预压施工应符合下列要求：

a) 蓄水时应监测密封膜、水袋的密封性，并应根据软基监测资料调整蓄水速度；

b) 放水时应防止冲刷路堤；

c) 铺设土工材料前应清除底面和围堰表面的尖锐物；

d) 水池法水载预压还应符合下列要求：

   1) 填土尖锐物过多时，应在基底铺设一层砂或其他能保护密封膜的材料；

   2) 围堰时宜在底部预留放水口；

   3) 蓄水时溢水口宜设置沙包等缓冲设施；溢水口应低于围堰顶 200 mm 以上，以防止降雨时水面淹没围堰。

   4) 预压期间水位降低 100 mm 时应补充蓄水；

   5) 人畜不应进入水池，围堰或密封膜受损时应修复。

e) 水袋法水载预压还应符合下列要求：

   1) 水袋布置应满足设计要求；

   2) 水袋承载面应平整，应铺设土工布和隔水膜；

   3) 充水过程中应保证排气顺畅；

   4) 循环利用的水袋应检查密封性，确认其强度。

7.3.7 真空联合堆载预压施工

真空联合堆载预压施工应符合下列要求：
a) 深层密封前宜采用静力触探等手段探明连续透水层分布情况，桩体搭接宽度应满足设计要求；
b) 深层密封墙的泥浆应根据勘察资料与设计要求进行配合比试验；成桩搅拌应均匀，黏土密封墙的深度、厚度、黏粒含量和渗透系数应满足设计要求；
c) 真空管网宜采用钢丝橡胶波纹软管连接，连接长度应大于0.1 m。真空管网宜埋入排水垫层中0.2 m～0.3 m；
d) 铺膜前排水垫层应整平，清除表面尖锐物，并应将竖向排水体埋入垫层；
e) 铺膜应在风力小于5级时施工，并应从上风侧开始；
f) 密封膜应松弛铺设，搭接应采用热合法；
g) 密封沟内不应有砂石等透水材料，应清除沟壁尖锐物，密封膜应踩入密封沟底部。密封沟回填料含有尖锐物时应采取措施保护密封膜；
h) 密封膜上土工布的搭接宽度不宜小于0.2 m，搭接顺序宜与路堤填筑方向保持一致；
i) 进气孔封闭状态下泵上真空度不应低于96 kPa；
j) 抽真空初期宜逐步增加开泵数量；
k) 膜上路堤填筑应在膜下真空度达到设计要求5 d～10 d后进行；路堤填筑前应检查密封膜的漏气漏水情况，并及时修补；
l) 膜上第一层填料厚度应大于0.5 m，填料中不应含贝壳等棱角明显的物体；
m) 膜上填筑厚度小于1 m时，应使用小型土方机械施工，并不应小半径转弯；
n) 预压期间不应间断抽真空或减少抽真空泵数量；抽真空期间应每天记录用电量；
o) 真空卸载应由监理工程师组织召开专题评审会通过后方可实施；
p) 卸真空与路面施工时间间隔宜不少于2个月。

7.3.8 路堤应根据碾压加宽和坡脚沉降等因素确定填筑宽度。

7.3.9 设置反压护道应与路堤同步施工，包边土宜与路堤主体同步填筑。

7.3.10 路堤填筑和预压期间排水垫层应露出路堤并排水顺畅。

7.3.11 路堤应根据施工监测资料采用薄层轮加法填筑，等载或超载填筑分层松铺厚度不应大于300 mm。

7.3.12 软土地基路堤填筑高度小于5 m时不宜冲击或夯击压实。

7.3.13 上路堤、路床预抬高度宜按照公式(54)估算。预压路堤顶面横坡应大于2.5%。

$$\Delta H = 0.3S_t + 1.3S_t T_l / T_t \quad\quad (54)$$

式中：
ΔH ——预抬高度（m）；
S_t ——预抬高时已发生的沉降（m）；
T_l ——预抬高时尚未施工的填土厚度（m）；
T_t ——预抬高时填土厚度（m）。

7.3.14 预压前应将设计施工期沉降土方填筑完毕。路堤填筑后期及预压期间，应由参建各方对路堤填土标高进行联测，预压荷载不应小于设计值。

7.3.15 修坡预留宽度应考虑雨水冲刷、工后沉降等因素的影响，一侧预留宽度宜按下式计算，且不应小于100 mm。

$$\Delta w_r = (0.07\sim0.08)m_s S_{rT} \quad\quad (55)$$

式中：
Δw_r ——单侧预留宽度（m）；
m_s ——设计边坡值；

S_{rT} ——路中线处工后沉降(m)。

7.3.16 路基卸载和路面施工前推算的工后沉降、工后差异沉降率均应满足设计要求,特殊情况下需要提前卸载时,应由建设单位或监理单位组织召开专题评审会,通过后方可实施。

7.4 水泥土搅拌桩复合地基

7.4.1 水泥土搅拌桩的试桩除了应满足本文件7.1.5的要求之外,还应进行不同搅拌次数、掺灰量的对比试验,以选择相应的工艺和掺灰量;并应选择具有代表性的工点进行试桩,试桩数量不少于 3 组,每组不少于 3 根。根据成桩直径、桩身强度与均匀性确定设计参数、施工工艺和施工参数。

7.4.2 水泥土搅拌桩应采用喷浆法施工。

7.4.3 搅拌桩施工机械

搅拌桩施工机械应符合下列要求:

a) 搅拌机型号应根据桩长、桩径、地质情况等选择,壁状或格栅状布桩时宜采用三轴或五轴搅拌桩机,严禁采用单轴单向、双轴单向搅拌桩机;

b) 双向搅拌钻头翼片不宜少于 8 枚,翼片厚度不宜小于 25 mm,搅拌翼片末端与钻杆中心的距离不应小于桩半径;

c) 配备的灰浆泵工作压力不宜小于 5.0 MPa,送浆管路不宜长于 60 m;

d) 施工机械的流量计、电流表、电压表、压力表等仪表应经国家计量部门标定合格后方可投入使用;

e) 每台搅拌桩机应配 2 个容积不小于 0.5 m³ 的灰浆搅拌机,灰浆搅拌机主轴转速不应低于 60 r/min;

f) 应采用避免或减少扬尘的施工机械或措施。

7.4.4 搅拌桩施工

搅拌桩施工应符合下列要求:

a) 水泥浆搅拌时间不应少于 4 min,浆液搅拌均匀后应过筛,储浆池内水泥浆应继续搅拌,不应使用超过 4 h 的浆液,且浆液不得有结块;

b) 桩位偏差应小于 50 mm,竖直度偏差应小于 1.0%;

c) 双向搅拌时应根据试桩确定下沉和上提次数;

d) 搅拌下沉速度和提升速度应与叶片枚数、宽度、厚度,叶片与搅拌轴的垂直夹角,搅拌头的转速相互匹配,以确保加固范围内土体任一点的搅拌次数不少于 20 次,且下沉、提升速度均不宜大于 0.8 m/min,钻速不宜小于 40 r/min;

e) 第一次下沉时喷浆量不宜少于总喷浆量的 60%;

f) 施工中因故停止时,若停机不超过 3 h,应将搅拌头下沉至停浆面以下 1 m 进行搭接施工,否则应在旁边补桩;

g) 壁状或格栅状布桩时,相邻桩的施工时间间隔不宜超过 12 h;

h) 应定期检查搅拌翼片,翼片不应变形,磨耗量不应超过 5 mm;

i) 应采取措施避免搅拌头出现抱钻现象;

j) 施工过程中遇到异常情况时,应及时通知相关单位;

k) 搅拌桩施工长度应根据地质资料、试桩结果,结合钻进电流确定;

l) 当搅拌桩施工导致既有边坡开裂时,应采取跳桩施工、分区施工、放慢施工进度等措施;

m) 相关施工检评标准应符合附录 G。

7.4.5 水泥土搅拌桩施工过程中应记录每台机械每日作业时间和完成工程量,监理单位与业主代表应定期或不定期抽查施工记录,根据试桩时施工效率监督成桩时的下沉与抬升速率是否严格按试桩结果实施。

7.4.6 褥垫层施工

褥垫层施工应符合下列要求：

a) 褥垫层材料的强度、粒径、级配等均应满足设计要求；

b) 褥垫层厚度、宽度、平整度等应满足设计要求；

c) 褥垫层厚度不大于 0.5 m 时，不宜分层施工；

d) 褥垫层施工方法、施工顺序等应避免破坏桩身、土工格栅等，垫层铺设机械宜在已施工的褥垫层上作业，垫层密实宜采用静力压实法。

7.4.7 加筋材料施工应符合本文件 7.3.5 的要求。

7.4.8 搅拌桩龄期大于 28 d 后方可进行桩顶以上的路堤土填筑。

7.5 高压旋喷桩复合地基

7.5.1 应选择具有代表性的工点进行试桩，试桩数量不少于 3 组，每组不少于 3 根。根据成桩直径、桩身强度与均匀性确定设计参数、施工工艺和施工参数。

7.5.2 应根据设置直径、地质条件等选择单重管或双重管施工工艺，在设计无明确要求的情况下，可参照表 18 初步选择施工工艺。

表 18 不同施工工艺对应旋喷桩直径

单位为 m

土类		单管	双管
黏性土	$0 < N \leqslant 5$	0.5～0.8	0.8～1.2
	$6 < N \leqslant 10$	0.4～0.7	0.7～1.1
砂土	$0 < N \leqslant 10$	0.6～1.0	1.0～1.4
	$11 < N \leqslant 20$	0.5～0.9	0.9～1.3
	$21 < N \leqslant 30$	0.4～0.8	0.8～1.2
注：N 为标准贯入试验击数。			

7.5.3 单重管工法宜采用钻孔、上提旋喷的施工工艺，双重管工法宜采用钻孔、插管、上提旋喷的施工工艺。

7.5.4 钻孔位置偏差应小于 50 mm，竖直度偏差应小于 1.0%。钻孔时应记录地层分界深度，并应根据钻孔揭示的地质情况结合设计要求确定钻孔深度。

7.5.5 水灰比应按设计要求严格控制，浆液制备和储存应符合本文件 7.4.4 a)的要求。

7.5.6 喷射孔与高压注浆泵之间的距离应小于 50 m，旋喷桩施工参数应符合表 19 的要求，提升注浆管前喷射注浆参数应达到规定值。

表 19 旋喷桩注浆施工参数

注浆参数	单管	双重管
提升速度/(cm/min)	宜 12～18	宜小于 10
旋转速度/(r/min)	宜大于 15	宜大于 10
浆液流量/(L/min)	宜大于 80	宜大于 80
浆液压力/MPa	宜大于 20	宜大于 20
气体流量/(m³/min)	—	宜 1～2
气体压力/MPa	—	宜大于 0.7

7.5.7 分段提升的搭接长度应大于 0.1 m。

7.5.8 出现压力陡然下降、上升或大量冒浆等异常情况时，应查明原因并及时采取处治措施。

7.5.9 当土质较硬或黏性较大时，可采取先喷一遍清水再喷一遍或两遍水泥浆的复喷措施。

7.5.10 浆液凝固回缩导致桩头低于设计标高时应采取回灌或二次注浆等措施。

7.5.11 当旋喷桩施工导致既有边坡、建（构）筑物、路堤开裂或位移较大时，应采取跳桩施工、分区施工、添加速凝剂、降低旋喷压力、放缓施工进度等措施。

7.5.12 褥垫层施工应符合本文件 7.4.6 的要求。

7.5.13 加筋材料施工应符合本文件 7.3.5 的要求。

7.5.14 高压旋喷桩龄期大于 28 d 后方可进行桩顶以上的路堤土填筑。

7.6 桩网复合地基

7.6.1 工作垫层厚度应满足地基处理施工需要。工作垫层厚度超过 1 m 时宜开挖施工桩帽。

7.6.2 施工便道应避免挤压与破坏桩、桩帽、连梁、板筏等。

7.6.3 刚性桩应根据桩型、设计要求、施工方法等进行试桩。试桩应在代表性路段的勘察孔附近，且试桩数量不宜少于 3 根。

7.6.4 刚性桩施工方法应根据设计桩型、地质情况、施工环境、设备情况等综合选择。

7.6.5 刚性桩桩位偏差不宜大于 50 mm，垂直度偏差不宜大于 1.0%，预制桩第一节桩的垂直度偏差不宜大于 0.5%。

7.6.6 预制桩成桩

预制桩成桩应符合下列要求：

a) 预制桩可采用锤击或静压施工，地基承载力、施工空间满足静压机械要求时应采用静压施工；

b) 采用静压时，每个工点应进行压桩力检定，终压力不应小于单桩竖向极限承载力标准值；

c) 采用锤击时宜采用液压打桩锤并使用打桩自动记录仪，施工桩长控制应采用收锤标准为主、设计桩长为辅的双控指标。收锤标准应根据地质情况、单桩承载力、锤重等综合确定。收锤标准可采用下列公式估算，并应利用静载试验或高应变动测仪监测的试桩验证；

$$\Delta_{10} = \frac{10\zeta L_F W_h}{Q_{uk}}$$ ·· （56）

式中：

Δ_{10} ——最后 10 击的贯入度（cm）；

ζ ——修正系数，可取 0.6~0.8；

L_F ——冲程（cm）；

W_h ——柴油锤/液压锤冲击部分重量（kN）；

Q_{uk} ——单桩竖向极限承载力标准值（kN）。

d) 管桩应设置封口型桩尖，并应采取措施避免泥沙等进入管桩内；

e) 既有路基中预制桩施工应采用长螺旋钻机或旋挖桩机等进行引孔。

7.6.7 预制桩的连接

预制桩连接可采用焊接、法兰连接或机械啮合接口。焊接桩应符合下列要求：

a) 焊接桩宜采用二氧化碳保护焊，焊丝宜采用 ER50-6 型；

b) 焊接时钢板宜采用低碳钢，焊条宜采用 E43 型，并应满足 GB 50661—2011 的要求；

c) 上下节桩段错位偏差不宜大于 2 mm；

d) 焊接前坡口应刷至露出金属光泽，焊接宜在四周对称进行，焊缝分层应不小于2层，下一层施焊前应清除焊渣；焊缝外观应连续、饱满，不得有咬边、焊瘤、夹渣、气孔、裂缝、漏焊等外观缺陷；

e) 桩接头焊好后应进行外观检查，检查合格后必须经自然冷却，方可继续沉桩。手工电弧焊的自然冷却时间不应少于5 min，二氧化碳气体保护焊的自然冷却时间不应小于3 min。严禁浇水冷却，或不冷却就继续沉桩。

7.6.8 现浇混凝土桩成孔、成桩

现浇混凝土桩成孔、成桩应符合下列要求：

a) 现浇混凝土桩可采用长螺旋、旋挖、冲击成孔，软土地基中素混凝土桩施工宜采用长螺旋泵压工法；

b) 采用长螺旋钻孔管内泵压法施工时，必须在钻杆芯管充满混合料后开始拔管，严禁先提管后泵料，混凝土泵送速度应与拔管速度匹配；

c) 现浇混凝土桩采用冲击沉管施工时，应在桩管内灌满混凝土后原位留振5 s～10 s再振动拔管，每拔出0.5 m～1.0 m应停拔留振5 s～10 s，一般土层中提管速度宜为1.0 m/min～1.2 m/min，软土层中宜为0.3 m/min～0.8 m/min；

d) 钻孔时应观测和记录地层及其变化情况；

e) 施工时桩顶标高高出设计桩顶标高不宜小于0.3 m；

f) 桩的充盈系数不应小于1.0，充盈系数宜为1.0～1.2，超过1.5时应分析原因，必要时改变桩型或地基处理方案；

g) 钢筋笼插设宜采用专用插筋器；

h) 现浇混凝土桩采用振动施工时，停止下沉的电流、电压值宜根据单桩承载力、试桩结果、工程经验等综合确定，宜通过静载试验进行核实。

7.6.9 现浇混凝土桩的混凝土

现浇混凝土桩的混凝土应符合下列要求：

a) 混凝土的材料及配合比应根据桩径、灌注方法、强度等级、地质条件等通过试验确定；

b) 混凝土泵送时坍落度宜为160 mm～220 mm，骨料粒径不宜大于30 mm；料斗投放时宜为30 mm～100 mm，软土中宜采用较小的坍落度；

c) 混凝土宜由安装自动计量系统的搅拌站供应。

7.6.10 刚性桩头处理

刚性桩头处理应符合下列要求：

a) 桩头处理时混凝土强度不应小于80％；

b) 桩顶浮浆或质量差的混凝土应凿除或切除；

c) 截桩时应避免破坏刚性桩，宜采用圆盘锯桩器截割，严禁用大锤横向敲击或扳拉截断；

d) 桩头处理后桩顶应平整，高程应符合设计要求。

7.6.11 桩帽、连梁、筏板施工

桩帽、连梁、筏板施工应符合下列要求：

a) 桩帽、筏板施工时刚性桩应经检验合格且刚性桩强度应不低于设计强度的80％；

b) 基槽开挖、钢筋施工、混凝土施工应避免挤压、破坏刚性桩；

c) 管桩、筒桩与桩帽、筏板连接的钢筋应按设计安装，桩体和钢筋进入桩帽或筏板的长度应满足设计要求；

d) 桩帽中心与桩顶中心的偏差不宜大于 20 mm，桩帽顶面倾角不宜大于 1°，相邻桩帽高差不宜大于 50 mm；

e) 钢筋安装、混凝土浇筑与养护应满足设计要求。

7.6.12 褥垫层施工

褥垫层施工应符合下列要求：

a) 褥垫层施工时刚性桩、桩帽强度不应小于设计强度的 80%；

b) 褥垫层材料的强度、粒径、级配等均应满足设计要求；

c) 褥垫层厚度、宽度、平整度等应满足设计要求；

d) 褥垫层厚度不大于 0.5 m 时，不宜分层施工；

e) 褥垫层施工方法、施工顺序等应避免破坏桩帽、连梁、土工格栅等，垫层铺设机械应在已施工的褥垫层上作业，垫层密实宜采用静力压实工法。

7.6.13 加筋材料铺设应符合本文件 7.3.5 的要求。

7.6.14 路堤填筑、基坑或沟渠开挖时应避免破坏桩和桩帽。

7.7 气泡混合轻质土

7.7.1 施工设备

泡沫轻质土施工设备应符合下列要求：

a) 泡沫轻质土制备与输送能力不宜小于 90 m³/h，水泥浆输送能力不宜小于 30 m³/h，泡沫制备能力不宜小于 60 m³/h；

b) 施工设备应具有自动进料、电子计量、自动控制、综合信息显示等功能，设备控制系统应具备自动统计和汇总功能；

c) 设备各单元控制系统应实现相互联动，实现自动化控制，湿重度实时控制容许误差为 ±0.2 kN/m³；

d) 综合信息显示屏应动态显示水泥、发泡剂等计量信息和泡沫密度、水泥浆重度、轻质土重度等控制参数；

e) 设备应有出厂合格证书、使用说明书，并应经过验收。

7.7.2 路堤施工

泡沫轻质土路堤施工应符合下列要求：

a) 正式施工前应通过首件施工验证施工质量，轻质土标准沉陷率不应大于 2%，沉陷率不应大于 5%；

b) 护壁板表面应光滑平整，断面尺寸应符合设计要求；

c) 泡沫轻质土应采用分层浇筑，分层厚度不宜大于 1 m；

d) 轻质土的初凝时间不宜少于 5 h，分仓面积应保障每层泡沫轻质土在初凝前浇筑完；

e) 泡沫轻质土浇筑管出料口应埋入轻质土内不少于 100 mm；

f) 上层浇筑施工应在下层轻质土终凝后进行；

g) 泡沫轻质土施工应避开 38 ℃ 以上的时段；

h) 当遇到大雨或长时间持续小雨时，未固化的泡沫轻质土应采取遮雨措施；

i) 泡沫轻质土固化前应避免对气泡混合轻质土的扰动；

j) 泡沫轻质土位于地下水位以下或位于积水区时应采取抗浮措施；

k) 每层泡沫轻质土终凝后应保湿养护，后续作业前最上面一层轻质土养护时间不应少于 7 d；

l) 泡沫轻质土顶面不应直接行走机械、车辆。

7.8 过渡段软土地基处理

7.8.1 扩建路段、桥头路段、涵洞路段等过渡路段除应符合本节要求外，还应符合其他章节的要求。

7.8.2 扩建路段施工

扩建路段施工应符合下列要求：

a) 预制桩宜采用静压施工，现浇混凝土桩宜采用长螺旋钻孔施工，旋喷桩应采取措施减少施工扰动；

b) 既有路堤边坡需要削陡时应分段施工，开挖后的边坡应及时防护和遮盖。既有路堤采用砂土填筑时，应采取避免填砂路堤坍塌的措施；

c) 路堤填筑宜采用薄层轮加法施工工艺，应根据监测资料控制填土速率。应在工后沉降、工后沉降差异率满足设计要求后再施工路面；

d) 针对扩建工程特点，应采取和制订保证既有公路运营安全的措施和应急预案。

7.8.3 桥头路段施工

桥头路段施工应符合下列要求：

a) 桥台附近的软土地基处理和路堤填筑应优先实施；

b) 桥头路堤采用排水固结时，桥台及相邻的 1 至 2 跨桥墩桩基应在桥头路堤纵向位移稳定后再施工。当桥头路堤工后沉降不满足要求时，桩基施工不宜减少预压土方；

c) 反开挖施工桥台时桥头路堤工后沉降应满足要求。

7.8.4 涵洞路段施工

涵洞路段施工应符合下列要求：

a) 采用排水固结的路段，涵洞处的地基处理和路堤填筑宜优先实施；

b) 反开挖施工涵洞应在预压至工后沉降满足设计要求后进行；

c) 基坑开挖、涵洞基础施工宜分段进行；

d) 分段边坡坡率不应大于涵洞基坑边坡坡率，基坑采用支护措施时，分段边坡坡率不宜大于 1：2；

e) 基坑内、基坑边坡上复合地基桩体周围土体应对称、分层开挖，桩两侧高差不应大于 0.5 m；

f) 土方施工机械不应碰撞复合地基桩体，不应开挖桩后土体；

g) 基坑开挖土方不应堆在坡顶附近，基坑坡顶施工荷载不应超过设计值；

h) 基坑顶面应设置拦水埂，基坑设置排水沟、集水井；

i) 涵洞基坑边坡应减少暴露时间，涵洞（通道）两侧应对称回填，并应确保回填质量。

7.8.5 不同软土地基处理方法交接路段施工

不同软土地基处理方法交接路段施工应符合下列要求：

a) 对应软土地基处理方法会产生较大地基变形的路段宜优先施工；

b) 真空预压路段与复合地基路段相邻时，应采取措施避免抽真空产生的深层水平变形对复合地基桩体倾斜度控制的不利影响；

c) 不同软土地基处理方法交接路段应进行软土地基监测，根据监测结果动态调整施工工序。

8 软土地基处理监测与检验

8.1 一般原则

8.1.1 软土地基路基应进行施工期监控,高速公路和一级公路宜进行工后沉降监控。

8.1.2 受软土地基路基施工影响的既有道路、桥涵、管线、房屋等建(构)筑物应按照 JGJ 8、GB 50497 描述的方法进行沉降、水平位移、倾斜、裂缝等监测。

8.1.3 软土地基路堤填筑速率、卸载时机等应参考监控成果。

8.1.4 水泥土桩复合地基应在施工前进行成桩工艺和成桩强度检验,刚性桩复合地基在施工前应进行成桩工艺检验。

8.1.5 软土地基处理后应进行地基承载力检验,水泥土搅拌桩、刚性桩复合地基还应进行钻芯和承载力检验。

8.1.6 软土地基的质量检验应由具有相应资质能力的第三方实施。

8.2 施工期监控设计

8.2.1 软土地基施工期监控设计包括监控断面、监测项目、监测频率、监控时间、监控报警值和路基稳定性评估方法等。

8.2.2 监控断面

监控断面应符合下列要求:

a) 采用排水固结或复合地基处理且路堤高度超过天然地基路堤极限填土高度路段,监控断面间距不宜大于 50 m,且应设置在稳定性差的位置;

b) 采用排水固结处理且计算沉降大于 3 倍容许工后沉降的路段,监控断面间距不宜大于 100 m;

c) 桥头路段监控断面不宜少于 2 个。

8.2.3 监测项目选择

监测项目选择应符合下列要求:

a) 监测项目应符合表 20 的要求;

表 20 施工期监测项目

地基处理方法	表面沉降	分层沉降或深层沉降	水平位移	深层水平位移	孔隙水压力	土压力	地下水位
高度超过天然地基路堤极限填土高度且采用排水固结的路段	应测	可测	应测	应测	应测	—	宜测
高度超过天然地基路堤极限填土高度且采用复合地基的路段	应测	应测	应测	应测	可测	可测	可测
采用排水固结处理且计算沉降大于 3 倍容许工后沉降的路段	应测	宜测	可测	可测	应测	—	可测
下卧层软土厚度大于 3 m 的路段	应测	宜测	可测	应测	—	—	—

b) 路堤下刚性桩复合地基,应在桩顶和桩间土分别设置表面沉降板;真空预压还应监测膜下真空度,可测地基土体真空度和排水板中真空度;换填施工后路基两侧仍然存在软土地基时,应进行侧向位移监测;路堤高度较大时预压期宜监测路堤压缩量;

c) 当反开挖施工桥台、涵洞时，应监测桥台附近路基的水平位移、涵洞处路基的隆沉、地下水位；

d) 对表征路基稳定性的裂缝，应监测裂缝的位置、宽度、长度等；

e) 既有路基改造工程应按新建路基选择监测项目，并应监测既有路基的沉降及新旧路基之间的差异沉降。

8.2.4 测点布置

测点布置应符合下列要求：

a) 表面沉降测点应设置在路中线、路肩、反压护道坡肩处；路堤顶宽较小时，可只设置在路肩处；对于刚性桩复合地基，宜同时监测桩顶沉降与桩间土沉降。当既有路基改造时，既有路肩应设置测点；

b) 分层或深层沉降宜设置在路中线附近，竖向间距宜为 2 m～4 m，地基压缩层内土层界面、加固区底面应设置测点；

c) 当用于评估路基稳定性时，孔隙水压力测点宜布置在最危险滑动面附近的软土层中，竖向间距不宜大于 2 m；当用于预测工后沉降时，孔压测点应布置在地基压缩层内的软土层中，竖向间距不宜大于 3 m；

d) 测斜管、地下水位观测孔、水平位移宜设置在坡脚。当单侧设置时，测斜管应设置在路基稳定性较差的一侧；

e) 膜下真空度测点应布置在相邻真空滤管中间；

f) 土压力测点宜设置在路基两侧坡肩附近的桩顶上。

8.2.5 施工期监控时间宜从垫层施工后开始，路面施工后结束。

8.2.6 施工期监测频率

施工期监测频率应符合下列要求：

a) 监测频率不宜低于表 21 的要求；

表 21 监测频率

路段类型	施工阶段	监测频率
高度超过天然地基路堤极限填土高度且采用排水固结或复合地基的路段	路基填筑期	1 次/1 d
	预压期前 3 个月	1 次/7 d
	预压 3 个月后	1 次/15 d
其他路段	路基填筑期	1 次/3 d
	预压期前 3 个月	1 次/7 d
	预压 3 个月后	1 次/15 d

b) 路堤填筑间歇期可降低监测频率，但每层填土监测不应少于 2 次；

c) 接近路堤稳定报警标准时应加密监测；

d) 膜下真空度监测在真空度上升阶段监测频率宜为 1 h～2 h 测读 1 次；真空度达到设计要求后每天 1 次。竖向排水体真空度和土体真空度监测频率宜为 1 d～2 d 测读 1 次。

8.2.7 路基稳定性报警值

路基稳定性报警值应符合下列要求：

a) 报警值应根据软土厚度与性质、地基处理方法、地区经验等因素综合确定；

b) 对天然地基路基、排水固结路基，当加载速率约为 5 kPa/d 时，可按表 22 确定沉降速率报警值，可按表 23 确定水平位移速率报警值；

表 22 沉降速率报警值

z/m	C_U 为不排水抗剪强度/kPa	
	C_U 为 10 kPa~20 kPa	C_U 为 20 kPa~35 kPa
z≤10	10	6
10<z≤20	15	10
注：z 为软土厚度与 2B（路基底宽与顶宽的平均值）的小者（m）。		

表 23 水平位移速率报警值

B/m	C_U 为不排水抗剪强度/kPa	
	C_U 为 10 kPa~20 kPa	C_U 为 20 kPa~35 kPa
B≤15	5	4
15<B≤30	6	5
注：B 为路基底宽与顶宽的平均值的一半（m）。		

  c) 对天然地基、排水固结路基，孔隙水压力系数报警值可取 0.7~1.0；

  d) 对散体材料桩复合地基路基，报警值宜取桩间土承担荷载的比例与天然地基、排水固结路基报警值之积；

  e) 对柔性桩复合地基、刚性桩复合地基路基，桩间沉降的稳定报警值宜取路基极限填土高度对应的天然地基沉降。

8.2.8 路堤稳定性评估方法的选择

路堤稳定性评估方法的选择应符合下列要求：

  a) 当路堤荷载增加时，路堤稳定性评估宜采用表观法、报警值法、拐点法等；

  b) 当路堤荷载不增加时，路堤稳定性评估宜采用表观法、趋势法等。

8.2.9 表观法评估路堤稳定性

采用表观法评估路堤稳定性应符合下列要求：

  a) 当根据裂缝、隆起等现象评估路堤稳定性时，应分析裂缝、隆起等现象的性质和原因；

  b) 可根据裂缝的位置、数量、间距、走向、宽度和长度等分析裂缝的性质和原因；

  c) 当因路堤稳定性差导致路堤开裂、隆起时，应对路堤稳定性进行危险报警。

8.2.10 报警值法评估路堤稳定性

采用报警值法评估路堤稳定性应符合下列要求：

  a) 对排水固结的路堤、散体材料桩复合地基路堤，报警值法宜采用沉降速率、水平位移速率、孔隙水压力系数等指标；柔性桩复合地基路堤、刚性桩复合地基路堤宜采用桩间土沉降。当监测结果大于报警值时，应进行危险报警；

  b) 路堤停止加载后变形速率收敛不明显，当连续 2 d 的沉降速率或水平位移速率大于报警值的 60%，或连续 3 d 的沉降速率或水平位移速率大于报警值的 40% 时，应进行危险报警；

  c) 当沉降速率、水平位移速率接近报警值时，宜利用其他监测项目和方法综合分析，评估路堤稳定性。

8.2.11 拐点法评估路堤稳定性

采用拐点法评估路堤稳定性应符合下列要求：

  a) 拐点法宜利用路堤荷载-瞬时沉降关系曲线、路堤荷载-水平位移关系曲线、路堤荷载-桩顶土压力曲线，当拐点不明显时可采用双对数曲线等，出现明显拐点时应进行危险报警；

b) 路堤荷载应包括路堤沉降土方荷载；

c) 瞬时沉降可由路堤填筑当天的沉降速率累加得到；

d) 深层水平位移宜采用最大位移；

e) 对排水固结的路堤，极限填土高度后的路堤荷载−瞬时沉降关系曲线或路堤荷载−水平位移关系曲线出现拐点，且拐点后斜率大于拐点前斜率的 2 倍时，应进行危险报警。

8.2.12 趋势法评估路堤稳定性

采用趋势法评估路堤稳定性应符合下列要求：

a) 当路堤荷载、周边条件不变，沉降、水平位移、孔隙水压力等与时间的关系曲线出现拐点，且拐点后斜率大于拐点前斜率的 2 倍时，宜进行危险报警；

b) 当路堤荷载、周边条件不变，沉降速率、水平位移速率、孔隙水压力等连续 3 次增大时，宜进行危险报警。

8.2.13 沉降推算宜采用预压后期的监测数据，宜采用双曲线法推算最终沉降，具体计算过程见附录 D。路基填筑过程中宜采用沉降差法预测总沉降，据以指导总的填土厚度。前期沉降数据缺失或非等载预压越级预测沉降时，可假设瞬时沉降和固结沉降与荷载成正比。

8.2.14 预测工后沉降时应考虑超载和欠载的影响，宜考虑路堤工后压缩量和工后次固结沉降。存在软土下卧层时，应利用分层沉降数据分层推算工后沉降。

8.3 工后监控设计

8.3.1 工后监控设计应包括监控断面、监测项目、测点布置、监控时间、监测频率、监控标准等。

8.3.2 工后监控断面

工后监控断面应根据施工期监控成果、现场条件变化等因素确定，并符合下列要求：

a) 运营期路堤存在失稳风险或稳定性不确定的路段，监控断面间距不宜大于 50 m；

b) 预测工后沉降大于容许值的路段，监控断面间距不宜大于 15 m，宜在距离桥台或涵洞搭板末端 0 m、5 m、10 m 处分别设置监控断面；

c) 运营期路堤附近进行开挖、堆载等作业的路段，监控断面间距不宜大于 50 m；

d) 其他路段监控断面间距不宜大于 500 m；

e) 监控断面宜利用施工期的监控断面或设置在施工期的监控断面附近。

8.3.3 监测项目

监测项目应符合下列要求：

a) 监测项目应满足表 24 的要求；

表 24 工后监测项目

路段类型	表面沉降	分层沉降或深层沉降	水平位移	深层水平位移	孔隙水压力	地下水位
路基存在失稳风险或稳定性不确定的路段	应测	—	应测	应测	可测	可测
预测工后沉降大于容许值的路段	应测	有软弱下卧层时宜测	—	—	—	—
路基上部结构分期修建的路段	应测	有软弱下卧层时宜测	—	—	—	—
其他路段	应测	—	—	—	—	—

b) 桥头路段除了监测路堤沉降外，还应监测桥台位移；路堤附近进行开挖、降水、堆载等作业的路段应监测路堤沉降和水平位移；

c) 对表征路基稳定性的裂缝，应监测裂缝的位置、宽度、长度等；

d) 对存在软土下卧层的路段，宜布设分层或深层测点，必要时应监测侧向水平位移和孔压。

8.3.4 测点布置

测点布置应符合下列要求：

a) 水平位移测点应设置在路堤存在稳定性风险的路段、靠近开挖或堆载作业一侧的坡脚附近；

b) 表面沉降、分层沉降或深层沉降测点宜设置在路肩附近；自动监测时，宜设置在路肩之间的最大沉降处；

c) 裂缝监测点应设置在裂缝宽度最大处。

8.3.5 监控时间

监控时间应符合下列要求：

a) 存在稳定性风险的路段宜监控至路堤判定为稳定为止；

b) 工后沉降超标的路段宜监控至剩余工后沉降小于容许工后沉降为止；

c) 路堤附近进行开挖、降水、堆载等作业的路段应监控至路堤判定为稳定且变形稳定为止。

8.3.6 监测频率

监测频率应符合下列要求：

a) 存在稳定性风险的路段，监测频率应根据稳定性状态确定，出现报警时不应少于 1 次/d；

b) 工后沉降超标的路段，通车初期宜 1 次/月，半年后宜 1 次/季度；

c) 路堤附近进行开挖作业时不应少于 2 次/d，其他时间宜 1 d～3 d 监测 1 次；

d) 路堤附近进行堆载作业时不应少于 1 次/d，其他时间宜 2 d～7 d 监测 1 次。

8.3.7 稳定性报警

出现下列情况之一应稳定性报警：

a) 路堤出现纵向裂缝；

b) 路堤外侧出现隆起现象；

c) 沉降或水平位移加速发展。

8.4 监测实施

8.4.1 宜在软土地基处理前埋设仪器，地质条件变化时应调整断面位置。

8.4.2 路基变形测量基准点、路基变形测量控制网的设置应按照 GB 50026 和 JGJ 8 的要求，路基变形控制网宜和施工控制网联测。

8.4.3 仪器埋设

应选择合适的仪器并正确埋设，完善埋设记录，并加强对监测仪器的保护，要求如下：

a) 表面沉降板宜在软土地基处理前埋设，真空联合堆载预压路段宜设置在密封膜上，沉降板与密封膜之间应采取措施保护密封膜；

b) 分层沉降环下限应满足最大沉降量的要求，沉降管与路堤之间应设隔离管，分层沉降管应具有足够的抗压强度。深层沉降标测杆外侧应设套管。真空联合堆载预压路段分层沉降管与密封膜密封连接时，应预留分层沉降管与土体之间沉降差需要的密封膜；

c) 深层水平位移测斜管应进入地基处理深度以下硬土层不少于 1 m，并使 1 对滑槽处于垂直路堤方向；管桩内设测斜管时，测斜管与管桩之间应填满中粗砂；

d) 孔隙水压力每孔仅可埋设 1 个孔压传感器；

e) 土压力传感器应埋设在加筋材料下方；

f) 真空度测头和真空表之间的软管应预留与差异沉降相适应的长度，穿过密封膜时不应漏气；

g) 水位管应进入最低设计水位线以下 3 m～5 m 深度。

8.4.4 测点埋设后取至少连续观测 3 次的稳定值的平均值作为初始值。

8.4.5 软土地基监测项目的现场监测应按照 GB/T 51275 的要求，应重视对路堤及两侧地表面裂缝或隆起、排水垫层排水情况、填土情况等因素的观察和记录，详细记录监测断面附近地基处理施工、路堤填筑和周边环境条件变化等情况。

8.4.6 监测数据

监测数据应进行误差分析、处理和修正，并应符合下列要求：

a) 沉降、边桩水平位移宜进行平差计算和处理，并宜评定精度；

b) 孔隙水压力、土压力宜进行温度修正；

c) 深层水平位移宜利用测斜管位置曲线与其初始位置曲线相减得到，当存在测斜仪不稳定、更换过测斜仪或者更换测斜管等情况时，深层水平位移应采用位移增量累加值；

d) 对路基裂缝应分析裂缝分布和发展规律。

8.4.7 监测资料分析

监测资料分析宜绘制下列关系曲线：

a) 包含路基荷载的沉降、水平位移、孔隙水压力等的时程曲线；

b) 包含路基荷载的沉降速率、最大水平位移速率等的时程曲线；

c) 瞬时沉降、孔隙水压力增量、最大水平位移等与荷载的关系曲线；

d) 路基荷载、深度与分层沉降的关系曲线；

e) 分层沉降、水平位移、孔隙水压力等与深度的关系曲线；

f) 沉降、工后沉降、工后转角等与里程或长度的关系曲线；

g) 深度与排水体真空度的关系曲线；

h) 裂缝宽度、长度、错台等的时程曲线。

8.4.8 监控报告应根据工程要求和需要编制，宜有周报、月报、总结报告、报警报告、卸载报告等。

8.5 质量检验

8.5.1 水泥土桩、刚性桩复合地基施工前试桩检验项目应符合表 25 的要求。

表 25 施工前检验项目和要求

软土地基处理方式	检验项目	检验方法	检验数量
水泥土桩复合地基	强度	钻芯法	不少于 3 根
	单桩承载力	单桩静载试验	视工程需求，且不少于 3 根
	复合地基承载力	平板静载荷试验	视工程需求，且不少于 3 点
刚性桩复合地基	单桩承载力	单桩静载试验	视工程需求，且不少于 3 根

8.5.2 排水固结处理效果评价

经排水固结处理的软土地基宜进行十字板剪切试验、静力触探试验和钻孔取土室内土工试验，并对软土地基处理效果进行评价，且按下列要求进行：

　　a)　十字板剪切试验、静力触探试验和钻孔取土的深度不应小于设计处理深度，且应在卸载 3 d 后进行，检验频率应根据处理分区的位置和面积而定，每个分区不少于 3 处，每处检测 1 孔；

　　b)　十字板剪切试验、静力触探试验每孔试验点数不应少于 3 点，深度间距宜为 1.5 m～2.0 m，深度间距最小值不应小于 0.8 m；当试验点为硬夹层时，应穿过该夹层后再进行试验；

　　c)　钻孔取土的间距，在 0 m～10 m 深度范围内，应每 1.5 m～2.0 m 取一组样品；10 m 以下可每 1.5 m～2.0 m 取一组样品；变层时应补取样品。对于厚度大于或等于 5 m 的均质土层，应在该层的上、中、下部各取一组样品；

　　d)　原状土样的样品应在取样后 3 d 内完成试验。不能按时试验的样品应妥善保存，不得露天堆放；

　　e)　室内剪切试验应根据地基土类别、地基排水条件、并结合加载速率选用相应的试验方法和试验参数；

　　f)　十字板剪切试验、静力触探试验方法按照 DBJ/T 15－60 要求执行，室内试验应按照 JTG 3430 要求执行。

8.5.3　水泥土桩复合地基质量检验

水泥土桩复合地基应按下列要求进行工程质量检验：

　　a)　在成桩 28 d 后应进行钻孔取芯，检验的频率一般情况下为总桩数的 0.5%，并分别在桩身上、中、下部取代表性芯样 3 组进行无侧限抗压强度试验；

　　b)　在成桩 28 d 进行载荷试验，检验单桩承载力和复合地基承载力；检验频率各为总桩数的 0.2%，且不应少于 3 处；

　　c)　检验方法按照 DBJ/T 15－60 要求执行。

8.5.4　刚性复合地基质量检验

刚性复合地基应按下列要求进行工程质量检验：

　　a)　预应力混凝土管桩在成桩后应随机选取 10% 的桩进行低应变检验，必要时，宜采用孔内摄像法对桩身完整性进行检查，综合分析评定检验结果；

　　b)　预应力混凝土管桩在成桩后应进行单桩承载力试验，检验频率应为总桩数的 0.5%，且不少于 3 根；检验间歇时间：砂土不宜少于 7 d；粉土不宜少于 10 d；非饱和黏性上不宜少于 15 d；饱和黏性土不宜少于 25 d；桩端持力层为遇水易软化的风化岩层时，不应少于 25 d；

复合地基承载力检验方法参照广东省标准 DBJ/T 15－60 规定执行；单桩承载力检验方法应按照 JTG/T 3512 要求执行。

附　录　A
（资料性）
珠海市第四系地层划分

A.1 珠海市第四系地层划分参照表 A.1。

A.2 珠海市地处广东省中部沿海、珠江三角洲南部前缘。珠海市地貌主要为丘陵、台地及平原。平原区主要分布在磨刀门水道、泥湾门水道、鸡啼门水道及虎跳门水道等大河道两侧，以及沿海海湾淤积、海岛周边淤积和人工围垦而成的平原区，其沉积物以淤泥、淤泥质土为主，其次为粉质黏土（黏土）和砂层。下伏基岩主要为燕山期侵入体花岗岩，局部为侏罗系、泥盆系、寒武系沉积岩，岩性主要为砂岩。

表 A.1　珠海市第四系地层综合地质柱状图表

成因分类	成因代号	地层名称	柱状图	地层特征
人工填土层	Q^{ml}	人工填土		褐黄、褐灰等色，一般呈松散状态，密实程度不均匀。地表普遍分布，厚度一般 3 m～5 m
耕植土层	Q^{pd}	耕植土		褐灰等色，一般由黏性土组成，含植物根茎，厚度一般 0.5 m
第四系海积相或海陆交互相沉积层	Q^{m}、Q^{mc}	淤泥		深灰色～黑色，含有机质，一般不均匀含有粉细砂或贝壳碎屑，具腥臭味，呈饱和、流塑状态。该层普遍分布，层厚 10 m～30 m
				灰色为主，主要成分石英质，一般含淤泥质 10%～30%，局部含贝壳碎屑，松散～稍密状态。局部分布，层厚 0～5 m
		淤泥质砂		浅黄、灰、灰白等色，不均匀含少量石英砂，可塑～硬塑状态。较普遍分布，层厚 0～5 m
		粉质黏土、黏土		
		淤泥质土		深灰色～黑色，含有机质，不均匀含有粉细砂，具腥臭味，呈饱和、流塑状态。较普遍分布，层厚 0～20 m
第四系冲洪积层	Q^{al+pl}	粉质黏土、黏土		褐黄、浅黄、灰白等色，含少量石英砂，可塑～硬塑状态。较普遍分布，层厚 0～10 m
		（中、粗、砾）砂		浅黄色、灰黄、灰白等色，颗粒成分以石英为主，含黏粒，黏粒含量不均，主要呈稍密～中密状态。较普遍分布，层厚 0～15 m
坡积层	Q^{dl}	粉质黏土		
残积层	Q^{el}	粉质黏土、砂（砾）质黏性土		褐黄色，含 10% 左右的石英砂，可塑～硬塑状态。局部分布，层厚 0～4 m
				褐黄、褐红、灰白、褐黑等色，遇水易软化、崩解，可塑～硬塑状态。普遍分布，层厚 5 m～35 m

附　录　B

（资料性）

珠海市软土沉积成因及分布规律

B.1 珠海市第四系软土厚度分布参见图 B.1。

B.2 珠海市软土按沉积成因可分为三类：滨海相软土、三角洲相软土和内陆相软土。滨海相软土主要分布于滨海平原海湾地段和海岛周边，为近代海退所形成的浅海堆积，分布范围广，厚度大，为珠海市最主要的软土层；三角洲相软土主要分布在磨刀门、泥湾门、鸡啼门和虎跳门等河道两侧的平原地段；内陆相软土主要分布于山（台）前洼地或河谷地段。软土主要见于全新统灯笼沙组地层中，局部见于全新统横栏组地层中，多裸露于地表或伏于填土之下，呈单层或多层结构，以灰黑色淤泥、淤泥质土为主，间夹薄层黏土或砂土、淤泥质砂，厚度一般为 8 m～40 m，具有近山薄、近海厚的规律，分布范围和厚度以珠海西区（珠海大桥以西，包括三灶、红旗、小林、平沙、南水、高栏）和横琴的滨海相软土最为突出。

B.3 根据工程建设所揭示的地层情况，珠海市软土分布大致可划分为 5 个区：（1）金湾区，包括三灶镇、红旗镇、平沙镇及高栏港区等区域，软土分布面积广，层位稳定，厚度 20 m～40 m，上部 25 m 左右以淤泥为主，其下一般为淤泥质土；（2）珠海保税区一带，分布面积较大，层位稳定，厚度 15 m～30 m，靠近磨刀门水道侧局部超过 40 m，上部 25 m 左右以淤泥为主，其下一般为淤泥质土；（3）南屏科技园一带，软土广泛分布，层位稳定，厚度一般为 10 m～20 m，近前山河侧软土层较薄，近磨刀门侧软土层较厚，最大厚度超过 30 m，上部 20 m 左右以淤泥为主，其下一般为淤泥质土；（4）横琴岛一带，软土分布面积较广，层位稳定，厚度一般为 20 m～50 m，上部 25 m 左右以淤泥为主，其下一般为淤泥质土；（5）香洲区近海岸一带，软土零星分布，分布面积小，层位不稳定，厚度一般为 5 m～10 m，埋藏于硬壳层下，以淤泥及淤泥质土为主。

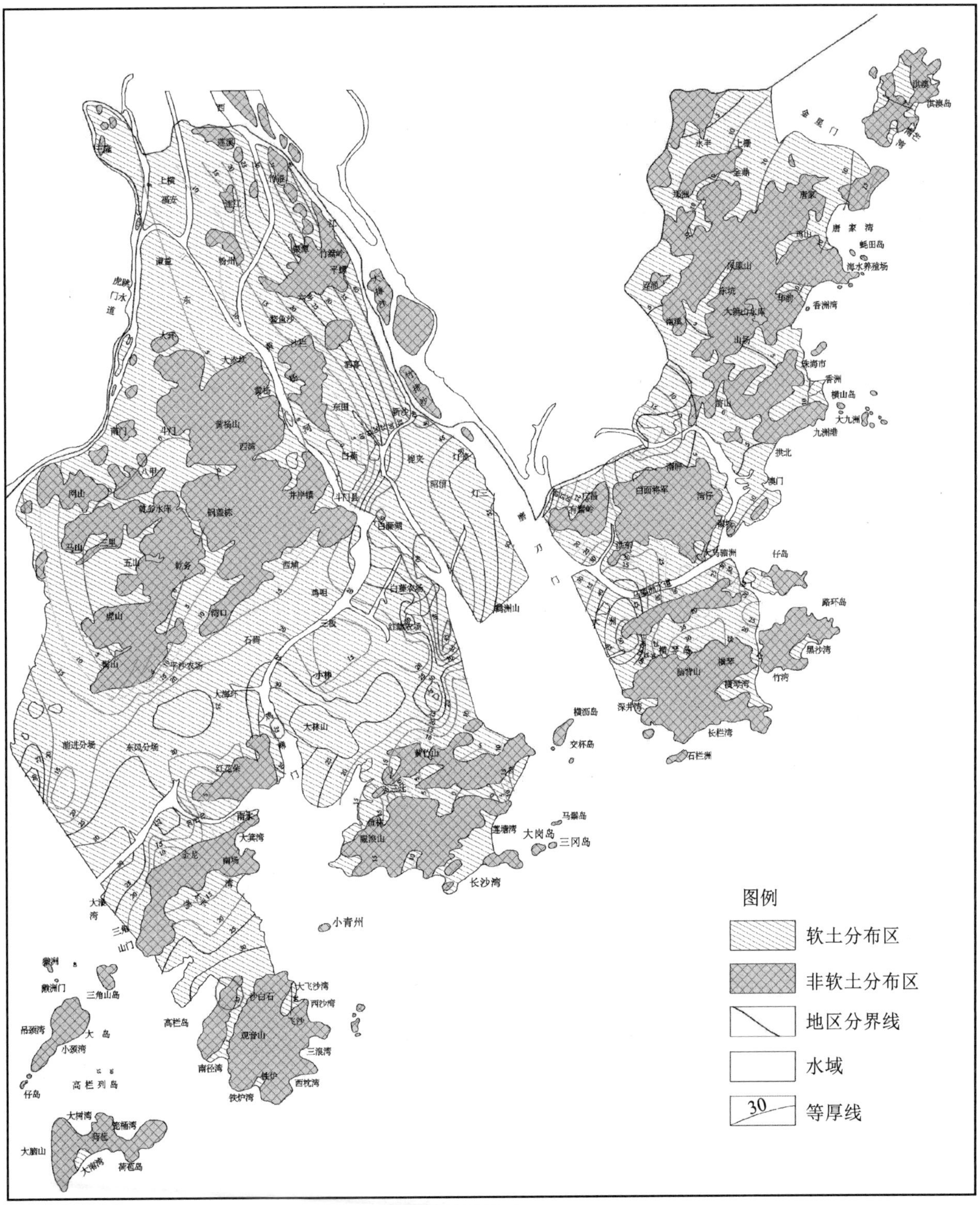

图 B.1 珠海市第四系软土厚度分布图

附　录　C

（资料性）

珠海市软土物理力学性质指标统计

根据工程建设所揭示的地层情况，珠海市软土主要为淤泥和淤泥质土。根据收集的珠海市 64 个工程项目，2330 个软土样本的试验资料，珠海市淤泥和淤泥质土主要物理力学性质指标参见表 C.1。

表 C.1　珠海市软土主要物理力学性质指标统计

土样参数		淤泥			淤泥质土		
		样品数 n	分布区间	平均值 Φ_m	样品数 n	分布区间	平均值 Φ_m
天然含水率 w（％）		1658 个	49.2～103.8	63.9	672 个	40.1～60.4	48.8
天然密度 ρ_0（g/cm³）		1658 个	1.42～1.83	1.61	672 个	1.58～1.99	1.71
比重 G_s		1658 个	2.63～2.76	2.70	672 个	2.63～2.75	2.71
孔隙比 e		1658 个	1.501～2.814	1.761	672 个	0.998～1.500	1.361
饱和度 S_r（％）		1492 个	85～100	98	622 个	85～100	97
液限 w_L（％）		831 个	41.8～59	49.7	374 个	37.3～48.2	43.5
塑限 w_P（％）		831 个	17.6～34.1	28.4	374 个	19.9～28.1	25.4
塑性指数 I_p（％）		1658 个	14.7～30.9	22.3	698 个	1.92～28.9	19.4
液性指数 I_L		1658 个	1.10～2.08	1.54	672 个	1.01～2.08	1.16
压缩系数 a_{1-2}（MPa⁻¹）		883 个	0.52～3.43	1.56	351 个	0.44～1.5	0.98
压缩模量 E_s 100～200 kPa（MPa）		883 个	0.9～3.7	1.86	351 个	1.7～5.1	2.5
直接快剪	内摩擦角 φ_q/（°）	548 个	0～5.1	2.5	239 个	0～9.3	3.8
	黏聚力 c_q/kPa	535 个	3～12	6.0	243 个	5～18	8.8
固结快剪	内摩擦角 φ_g/（°）	230 个	4.8～15.1	6.5	106 个	7.1～16.4	11.7
	黏聚力 c_g/kPa	230 个	7～21	11.4	111 个	8～24	14.5
渗透系数 k 20℃（10⁻⁷ cm/s）		179 个	0.19～38.6	3.7	61 个	0.19～94.0	5.27
有机质含量（％）		511 个	0.53～5.62	2.92	158 个	0.32～4.59	2.60

附 录 D

（资料性）

用现场实测资料推算工后沉降计算方法

D.1 软基工后沉降预测宜采用双曲线法和三点法。

D.2 双曲线法推算地基的沉降量的公式如下（见图 D.1）：

$$S_t = S_0 + \frac{t}{\alpha + \beta t} \qquad\qquad (D.1)$$

$$S_f = S_0 + \frac{1}{\beta} \qquad\qquad (D.2)$$

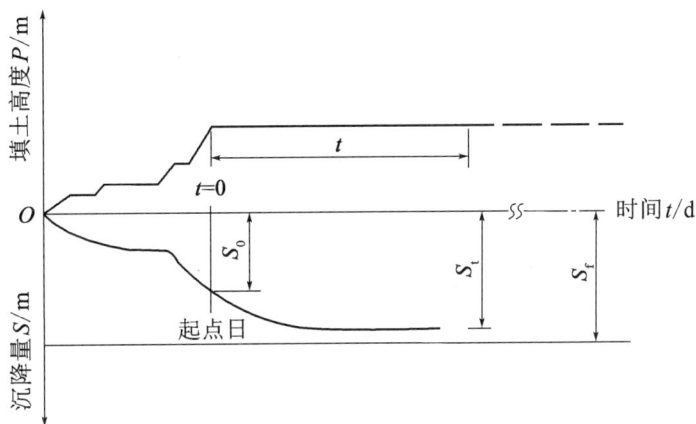

图 D.1 双曲线法推算沉降量模式图

式中：

S_t ——推算时间点 t 所对应的沉降量，时间自加载完成时开始起算（mm）；

S_0 ——加载完成时刻（$t=0$）对应的实测沉降量（mm）；

S_f ——最终沉降量，$t=\infty$（mm）；

β ——将荷载不再变以后的实测数据经过回归求得的系数。

D.3 双曲线法推算地基的沉降量的具体顺序如下：

a) 确定起点时间（$t=0$），可取加载完成（填方施工结束）日为 $t=0$；

b) 就各实测值计算 $t/(S_t-S_0)$，见说明图 D.2；

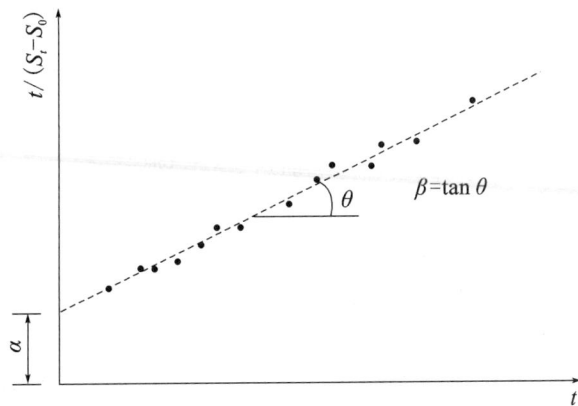

图 D.2 双曲线法 α、β 值确定示意图

c) 绘制 t 与 $t/(S_t-S_0)$ 的关系图,并确定系数和 β,见说明图 D.2;

d) 计算 S_t;

e) 由双曲线关系推算出沉降 S-时间 t 曲线;

f) 计算时间点 t 的工后沉降 S_f-S_0。

双曲线法是假定沉降平均速率以双曲线形式减小的经验推导法,要求恒载开始后的沉降实测时间至少在 3 个月以上。

D.4 三点法推算地基的沉降量的公式如下(见图 D.3)。

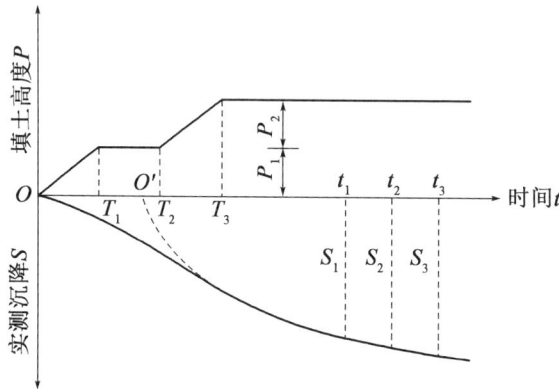

图 D.3 三点法推算沉降量示意图

图 D.3 中:t_1、t_2 和 t_3 为实测沉降-时间曲线(S-t 曲线)上,加载停止后任取的 3 个间隔相等的时间点,即 $t_2-t_1=t_3-t_2$,时间应如图中所示修正零点 O' 起算,O' 偏离零时刻 O 的时间为 $\overline{OO'}=\dfrac{\sum p_i(T_{i+1}+T_i)/2}{\sum p_i}$。

a) 最终沉降量(S_f):

$$S_f=\frac{S_3(S_2-S_1)-S_2(S_3-S_2)}{(S_2-S_1)-(S_3-S_2)} \quad\text{(D.3)}$$

b) 瞬时沉降量(S_d):

$$S_d=\frac{S_t'-S_f(1-\alpha\times e^{-\beta t})}{\alpha\times e^{-\beta t}} \quad\text{(D.4)}$$

c) 时间 t 对应的沉降量(S_t):

$$S_t=(S_f-S_d)(1-\alpha\times e^{-\beta t})+S_d \quad\text{(D.5)}$$

$$\beta=\frac{1}{t_2-t_1}\ln\frac{S_2-S_1}{S_3-S_2} \quad\text{(D.6)}$$

$$\alpha=\frac{8}{\pi^2} \quad\text{(D.7)}$$

式中:

S_1、S_2 和 S_3——实测沉降-时间曲线(S-t 曲线)上分别对应 t_1、t_2 和 t_3 时间点上的实测沉降(mm);

S_d ——推算的瞬时沉降量(mm);

S_t' ——在实测沉降曲线上,任意选取自修正零点 O' 起算的时间 t 所对应的沉降(mm);

S_t ——推算时间点 t 所对应的沉降量(mm)。

三点法推算应在沉降发展趋势相对稳定的情况下,并且对实测沉降数据进行一定的误差处理或曲线的光滑拟合处理后进行计算。

附　录　E
（资料性）
刚性桩桩网复合地基沉降计算方法

E.1 刚性桩桩网复合地基可用于对地基变形控制严格的软弱地基加固，其结构由刚性桩（群）、桩帽及加筋垫层组成，如图 E.1 所示。

E.2 刚性桩桩网复合地基沉降计算应符合下列要求：

a) 刚性桩桩网复合地基的总沉降 S 可以根据公式（E.1）进行计算，沉降模型如图 E.1 所示。

$$S = S_1 + S_2 + S_3 \cdots\cdots (E.1)$$

式中：

S_1——加固区沉降量（m）；

S_2——下卧层沉降量（m）；

S_3——桩帽以上垫层和土层的沉降量（m）。

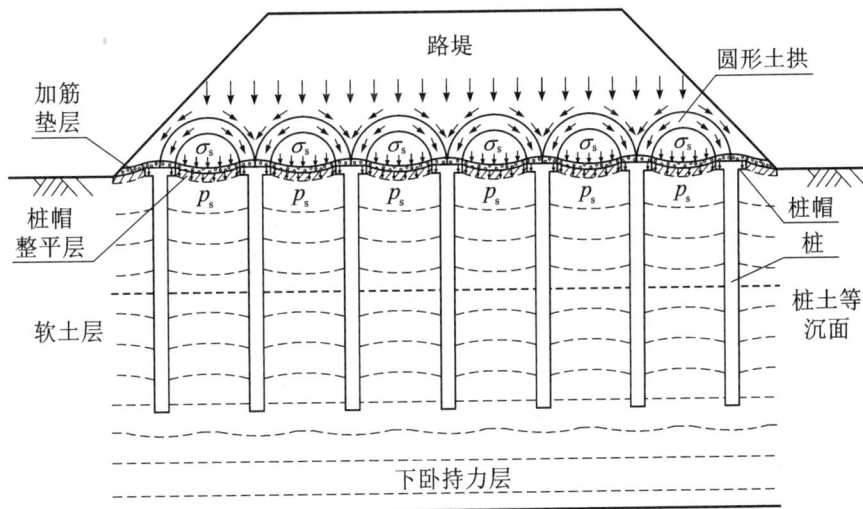

图 E.1　桩网复合地基沉降模型

b) 加固区沉降量 S_1 采用附加应力法进行计算。

1) 确定中性面深度 z_n 的负摩擦力应取公式（E.2）、公式（E.3）计算值中的小者。

$$Q_s^n = \frac{Q_{uk} - P_p}{2} \cdots\cdots (E.2)$$

$$Q_s^n = \frac{A_u P - P_p - Q_{sm}^n}{2A_u p\zeta + u_p P} u_p P \cdots\cdots (E.3)$$

$$\zeta = \frac{P}{W_b f_{sa} + \sum \Delta z_i |\tau_{ui}|} \cdots\cdots (E.4)$$

式中：

Q_s^n——负摩擦力（kN）；

Q_{uk}——单桩竖向极限承载力标准值（kN）；

P_p——桩顶荷载（kN），取土拱控制荷载 P_{pa} 与单桩极限承载力 Q_{uk} 中的小值；

A_u——单桩分担面积（m²）；

p——路堤荷载集度（kPa）；

u_p ——桩周长(m);

P ——路基纵向每延米的路基总荷载(kN);

Q_{sm}^n ——工作垫层对单桩的摩擦力(kN);

ζ ——加固区侧阻力发挥系数;

W_b ——路堤底宽(m);

f_{sa} ——经深宽修正的桩底地基承载力特征值(kPa);

Δz_i ——第 i 层土厚度(m),i 从工作垫层底面起算;

τ_{ui} ——第 i 层土侧阻力(kPa),中性面以上取负值。

    2) 桩间土附加应力 $\sigma_{z,i}$ 宜采用 Mindlin 与 Boussinesq 解的联合求解方法获得,计算方法如公式(E.5):

$$\sigma_{z,i} = \sigma_{pz,i} + \sigma_{sz,i} \quad\quad\quad\quad (E.5)$$

$$\sigma_{pz,i} = \sum_{j=1}^{m} \frac{P_p}{l_j^2}\left[\alpha_j I_{p,ij} + (1-\alpha_j) I_{s,ij}\right] \quad\quad\quad\quad (E.6)$$

$$\sigma_{sz,i} = \sum_{i=1}^{k} \frac{\alpha_i(1-m_c)}{1+(n-1)m_c}(\gamma_f h + q_c) \quad\quad\quad\quad (E.7)$$

式中:

$\sigma_{pz,i}$ ——桩端平面以下地基中由基桩引起的附加应力(kPa),按照 JGJ 94—2008 描述的方法采用考虑桩径影响的 Mindlin 解计算确定;

$\sigma_{sz,i}$ ——桩帽间土体的平均压力在桩端平面以下引起的附加应力(kPa),按 Boussinesq 解计算;

l_j ——第 j 桩到第 i 层土 1/2 厚度处的桩长(m);

α_j ——第 j 桩到第 i 层土 1/2 厚度处的桩端阻力与桩顶荷载之比;

$I_{p,ij}$、$I_{s,ij}$ ——分别为第 j 桩的桩端阻力和桩侧阻力对计算轴线第 i 计算土层 1/2 厚度处的应力影响系数;

α_i ——计算轴线第 i 计算土层 1/2 厚度处的附加应力系数;

P_p ——桩帽上部承担的荷载(kN);

n ——桩土应力比,按照 E.3 中的方法进行计算;

m_c ——桩帽面积置换率;

q_c ——路堤顶面超载(kPa);

γ_f ——路堤填料容重(kN/m³);

h ——路堤填筑高度(m)。

    3) 桩间土沉降 S_{1s} 应利用桩间附加应力采用公式(E.8)计算:

$$S_{1s} = \sum \frac{e_{0i} - e_{1i}}{1 + e_{0i}} \Delta z_i \quad\quad\quad\quad (E.8)$$

式中:

S_{1s} ——桩间土沉降(m);

e_{0i} ——第 i 层土天然孔隙比;

e_{1i} ——第 i 层土 $e-p$ 曲线对应自重应力和附加应力之和的孔隙比。

    4) 加固区沉降 S_1 应按公式(E.9)计算:

$$S_1 = \psi_1(1-m_p)S_{1s} \quad\quad\quad\quad (E.9)$$

式中:

ψ_1 ——复合地基加固区复合土层压缩变形量计算经验系数,根据复合地基类型地区实测资料及经验确定,无实测资料时,可取 1.05~1.1。

c) 下卧层沉降 S_2 采用分层总和法，按公式(E.10)计算确定。

$$S_2 = \psi_2 \sum_{i=1}^{m} \frac{\sigma_{z,i} \Delta z_i}{E_{s,i}} \qquad\qquad (E.10)$$

式中：

ψ_2 ——复合地基加固区下卧层压缩变形量计算经验系数，根据复合地基类型地区实测资料及经验确定，无实测资料时，可取 1.05～1.1；

Δz_i ——桩端平面以下第 i 土层的厚度(m)；

$E_{s,i}$ ——桩端平面以下第 i 土层在自重应力至自重应力加附加应力作用段的压缩模量(MPa)；

$\sigma_{z,i}$ ——桩端平面以下第 i 土层的竖向附加应力(kPa)，按公式(E.5)～(E.7)计算。

d) 桩帽以上垫层和土层的压缩变形量 S_3 的计算应符合下列要求：

　　1) 桩土共同作用形成复合地基时，桩帽以上垫层和填土层的变形应在施工期完成，在计算工后沉降时可以忽略不计；

　　2) 处理松散填土层、欠固结软土层、自重湿陷性土等有明显工后沉降的地基时，桩帽以上的垫层和土层的压缩变形量 S_3 可以按照公式(E.11)计算：

$$S_3 = \frac{(D-b)(D+2b)}{2D^2} \qquad\qquad (E.11)$$

式中：

D ——桩间距(m)；

b ——桩帽边长(m)。

E.3 桩土应力比的计算应符合下列要求。

在桩网复合地基中，土工格栅将部分路堤荷载向桩顶转移，但是计算分析表明，土工格栅向桩顶转移的荷载较小，为了简便起见，可不考虑土工格栅向桩顶转移的荷载，即在桩土应力比的计算中不考虑土工格栅的影响。

Hewlett 和 Randolph 假设拱顶、拱脚土体发生屈服破坏，导致路堤低于临界高度时计算的桩土应力比偏大，路堤高于临界高度时计算的桩土应力比偏小。陈云敏院士为了使计算结果更符合实际工程情况，引进了临塑系数 α_p，改进了 Hewlett 极限状态空间土拱效应分析方法。因此本规范采用陈云敏院士提出的修正 Hewlett 法来计算桩土应力比。

a) 临塑系数 α_p 可以由单桩等效处理范围内路堤平衡方程[公式(E.12)]求得：

$$D^2 h \gamma_f = P_{pa} + P_{sc}(D^2 - b^2) \qquad\qquad (E.12)$$

$$P_{pa} = \frac{2\alpha_p D^2 K_p P_{sc}}{1 + \alpha_p K_p}\left[(1-\delta_c)^{1-\alpha_p K_p} - (1-\delta_c)(1+\delta_c \alpha_p K_p)\right] \qquad (E.13)$$

$$p_{sc} = \left[\gamma_f h - \frac{\sqrt{2}\gamma_f D(1-\alpha_p K_p)}{3-2\alpha_p K_p}\right](1-\delta_c)^{2(\alpha_p K_p -1)} + \frac{\sqrt{2}\gamma_f(D-b)(1-\alpha_p K_p)}{3-2\alpha_p K_p} \qquad (E.14)$$

式中：

D ——桩间距(m)；

h ——桩(帽)顶面以上填土高度(m)；

γ_f ——填土重度(kN/m³)；

P_{pa} ——土拱效应控制的桩(帽)顶面荷载(kN)；

P_{sc} ——桩(帽)间荷载集度(kPa)；

b ——桩(帽)边长(m)；

K_p ——被动土压力系数，$K_p = \frac{1+\sin\varphi}{1-\sin\varphi}$，$\varphi$ 为路堤填料的内摩擦角(°)；

δ_c ——桩(帽)边长与桩间距的比值。

当计算所得到的临塑系数 $\alpha_p < 1$ 时，说明土拱还未进入塑性状态，此时，单桩处理范围内土体满足受力平衡条件，将 α_p 直接代入公式（E.13）~（E.14）即可求得 P_{pa} 和 P_{sc}；当 $\alpha_p \geqslant 1$ 时，说明土拱已经进入塑性状态，此时，令 $\alpha_p = 1$ 即可求得 P_{pa} 和 P_{sc}。

    b) 褥垫层厚度小于 $2(D-b)$ 时，桩（帽）顶面以上 $2(D-b)$ 内填料综合内摩擦角可按公式（E.15）确定：

$$\tan\varphi = \frac{h_m\tan\varphi_m + [2(D-b)-h_m]\tan\varphi_f}{2(D-b)} \quad\cdots\cdots\cdots\cdots\cdots\cdots\cdots (E.15)$$

式中：

φ ——桩（帽）顶面以上 $2(D-b)$ 内填料综合内摩擦角（°）；

h_m ——褥垫层厚度（m）；

φ_m ——褥垫层内摩擦角（°）；

φ_f ——褥垫层以上填料内摩擦角（°）。

    c) 路堤临界高度 H_c 表示刚进入塑形状态（$\alpha_p = 1$）时，路堤的临界高度，可由公式（E.12）~（E.14）计算得到。

    d) 当桩帽以上填土高度 $h < H_c$ 时，应由 h 根据公式（E.13）~（E.14）得到 α_p 及相应的 P_{pa} 和 P_{sc}。

    e) 当桩帽以上填土高度 $h \geqslant H_c$ 时，应按公式（E.16）~（E.18）计算桩土荷载。

$$R_p = \frac{P_{pac}}{\gamma_f H_c A_u} \quad\cdots\cdots\cdots\cdots\cdots\cdots\cdots (E.16)$$

$$P_{pa} = \gamma_f h A_u R_p s_t \quad\cdots\cdots\cdots\cdots\cdots\cdots\cdots (E.17)$$

$$P_{sc} = \frac{\gamma_f h A_u(1-R_p)}{A_u - A_c} \quad\cdots\cdots\cdots\cdots\cdots\cdots\cdots (E.18)$$

式中：

R_p ——桩荷载率；

P_{pac} ——H_c 对应的 P_{pa}（kN）；

A_u ——单桩分担面积（m²）；

A_c ——桩帽面积（m²）。

    f) 桩土应力比 n 可根据 P_{pa} 和 P_{sc} 通过公式（E.19）计算得到：

$$n = \frac{P_{pa}}{b^2 P_{sc}} \quad\cdots\cdots\cdots\cdots\cdots\cdots\cdots (E.19)$$

    g) 当桩（帽）以上填土高度大于表 E.1 中的临界高度时，通过公式计算所得到的桩土应力比应小于表 E.1 中的最大桩土应力比；当桩（帽）以上填土高度小于临界高度时，桩土应力比可查表 E.2。

表 E.1 桩土应力比临界高度及最大桩土应力比

b/D	0.4																			
$\varphi/(°)$	25					30					35					40				
D/m	2.0	2.5	3.0	3.5	4.0	2.0	2.5	3.0	3.5	4.0	2.0	2.5	3.0	3.5	4.0	2.0	2.5	3.0	3.5	4.0
H_c/m	3.4	4.2	5.0	5.9	6.7	4.4	5.5	6.6	7.7	8.8	6.3	7.9	9.5	11.0	12.6	10.0	12.5	15.0	17.5	20.0
n_{max}	8.2					13.7					24.3					47.1				

表 E.1 桩土应力比临界高度及最大桩土应力比（续）

b/D	0.5																			
$\varphi/(°)$	25					30					35					40				
D/m	2.0	2.5	3.0	3.5	4.0	2.0	2.5	3.0	3.5	4.0	2.0	2.5	3.0	3.5	4.0	2.0	2.5	3.0	3.5	4.0
H_c/m	4.1	5.1	6.2	7.2	8.2	5.8	7.2	8.7	10.1	11.6	9.1	11.3	13.6	15.8	18.1	16.6	20.7	24.8	29.0	33.1
$n_{\max}$	9.4					16.5					31.7					68.8				
b/D	0.6																			
$\varphi/(°)$	25					30					35					40				
D/m	2.0	2.5	3.0	3.5	4.0	2.0	2.5	3.0	3.5	4.0	2.0	2.5	3.0	3.5	4.0	2.0	2.5	3.0	3.5	4.0
H_c/m	4.9	6.1	7.3	8.6	9.8	7.5	9.4	11.2	13.1	15.0	13.3	16.7	20.0	23.3	26.7	29.6	37.0	44.4	51.8	59.2
$n_{\max}$	11.2					21.4					45.8					116.6				
b/D	0.7																			
$\varphi/(°)$	25					30					35					40				
D/m	2.0	2.5	3.0	3.5	4.0	2.0	2.5	3.0	3.5	4.0	2.0	2.5	3.0	3.5	4.0	2.0	2.5	3.0	3.5	4.0
H_c/m	5.7	7.2	8.6	10.0	11.5	10.0	12.5	14.9	17.4	19.9	21.5	26.9	32.2	37.6	43.0	62.2	77.7	93.3	108.8	124.3
$n_{\max}$	14.5					31.2					78.5					251.1				

注：b—桩帽边长；D—桩间距；φ—桩帽上 $2(D-b)$ 内填料综合内摩擦角；H_c—临界高度；$n_{\max}$—最大桩土应力比。

表 E.2 桩土应力比

b/D	0.4					0.5					0.6					0.7				
D/m	2.0	2.5	3.0	3.5	4.0	2.0	2.5	3.0	3.5	4.0	2.0	2.5	3.0	3.5	4.0	2.0	2.5	3.0	3.5	4.0
h/m	n																			
3.0	6.5	3.8	2.16	1.1	1.0	5.1	3.0	1.8	1.0	1.0	4.5	2.7	1.6	1.0	1.0	4.7	2.9	1.7	1.0	1.0
3.5	8.9	5.6	3.5	2.2	1.2	6.9	4.4	2.8	1.8	1.0	6.2	3.9	2.5	1.6	1.0	6.4	4.1	2.7	1.7	1.0
4.0	11.5	7.5	5.0	3.3	2.2	8.9	5.8	3.9	2.6	1.8	7.9	5.2	3.5	2.4	1.6	8.2	5.4	3.7	2.5	1.7
4.5	14.1	9.4	6.5	4.6	3.2	11.0	7.3	5.1	3.6	2.5	9.8	6.5	4.5	3.2	2.3	10.0	6.8	4.7	3.4	2.4
5.0	16.8	11.5	8.1	5.8	4.2	13.1	8.9	6.3	4.6	3.3	11.6	7.9	5.6	4.1	3.0	11.8	8.2	5.8	4.3	3.2
5.5	19.6	13.6	9.8	7.2	5.4	15.2	10.5	7.6	5.6	4.2	13.5	9.4	6.8	5.0	3.8	13.7	9.6	7.0	5.2	3.9
6.0	22.5	15.7	11.5	8.6	6.5	17.5	12.2	8.9	6.7	5.1	15.5	10.9	7.9	6.0	4.5	15.6	11.1	8.2	6.2	4.7
6.5	25.4	18.0	13.2	10.0	7.7	19.7	13.9	10.3	7.8	6.0	17.5	12.4	9.1	6.9	5.4	17.5	12.6	9.4	7.2	5.6
7.0	28.4	20.2	15.0	11.5	8.9	22.0	15.7	11.7	8.9	6.9	19.4	13.9	10.4	7.9	6.2	19.5	14.1	10.6	8.2	6.4
7.5	31.4	22.5	16.8	13.0	10.2	24.3	17.5	13.1	10.1	7.9	21.5	15.5	11.6	9.0	7.1	21.4	15.6	11.8	9.2	7.3
8.0	34.5	24.9	18.7	14.5	11.5	26.7	19.3	14.5	11.3	8.9	23.5	17.1	12.9	10.0	7.9	23.4	17.1	13.1	10.2	8.2
8.5	37.5	27.2	20.6	16.1	12.8	29.1	21.1	16.0	12.5	9.9	25.5	18.6	14.2	11.1	8.8	25.4	18.7	14.3	11.3	9.1
9.0	40.6	29.6	22.5	17.6	14.1	31.4	22.9	17.5	13.7	11.0	27.6	20.2	15.5	12.2	9.8	27.3	20.2	15.6	12.4	10.0
9.5	43.8	32.0	24.5	19.2	15.5	33.8	24.8	19.0	14.9	12.0	29.7	21.9	16.8	13.3	10.7	29.3	21.8	16.9	13.4	10.9
10.0	46.9	34.5	26.4	20.9	16.8	36.3	26.7	20.5	16.2	13.1	31.7	23.5	18.1	14.4	11.6	31.3	23.4	18.2	14.5	11.8

表 E.2 桩土应力比(续)

b/D	0.4					0.5					0.6					0.7				
D/m	2.0	2.5	3.0	3.5	4.0	2.0	2.5	3.0	3.5	4.0	2.0	2.5	3.0	3.5	4.0	2.0	2.5	3.0	3.5	4.0
h/m	n																			
10.5	50.1	36.9	28.4	22.5	18.2	38.7	28.6	22.0	17.5	14.1	33.8	25.1	19.4	15.5	12.6	33.3	25.0	19.5	15.6	12.8
11.0	53.3	39.4	30.4	24.2	19.6	41.1	30.5	23.6	18.8	15.2	35.9	26.8	20.8	16.6	13.5	35.4	26.5	20.8	16.7	13.7
11.5	56.5	41.9	32.4	25.9	21.1	43.6	32.4	25.1	20.1	16.4	38.0	28.4	22.1	17.7	14.5	37.4	28.1	22.1	17.8	14.6
12.0	59.7	44.4	34.5	27.6	22.5	46.0	34.3	26.7	21.4	17.5	40.1	30.1	23.5	18.9	15.5	39.4	29.7	23.4	18.9	15.6
12.5	63.0	46.9	36.5	29.3	24.0	48.5	36.3	28.3	22.8	18.6	42.3	31.7	24.9	20.0	16.5	41.4	31.3	24.7	20.0	16.6
13.0	66.2	49.5	38.6	31.0	25.4	51.00	38.2	29.8	24.0	19.7	44.4	33.4	26.2	21.2	17.5	43.5	32.9	26.0	21.1	17.5
13.5	69.5	52.0	40.6	32.7	26.9	53.5	40.1	31.4	25.3	20.9	46.5	35.1	27.6	22.3	18.4	45.5	34.5	27.3	22.3	18.5
14.0	72.7	54.6	42.7	34.5	28.4	55.9	42.1	33.0	26.7	22.0	48.6	36.8	29.0	23.5	19.4	47.5	36.2	28.7	23.4	19.5
14.5	76.0	57.1	44.8	36.2	29.9	58.4	44.1	34.6	28.0	23.2	50.8	38.4	30.4	24.7	20.5	49.6	37.8	30.0	24.5	20.4
15.0	79.3	59.7	46.9	38.0	31.4	60.9	46.0	36.3	29.4	24.3	52.9	40.1	31.7	25.8	21.5	51.6	39.4	31.3	25.6	21.4
15.5	82.60	62.3	49.0	39.8	32.9	63.5	48.0	37.9	30.8	25.5	55.1	41.8	33.1	27.0	22.5	53.7	41.0	32.7	26.8	22.4
16.0	85.9	64.9	51.2	41.5	34.5	66.0	45.0	39.5	32.1	26.7	57.2	43.5	34.5	28.2	23.5	55.8	42.7	34.0	27.9	23.4
16.5	89.2	67.5	53.3	43.3	36.0	68.5	52.0	41.1	33.5	27.9	59.3	45.2	35.9	29.4	24.5	57.8	44.3	35.4	29.0	24.4
17.0	92.5	70.1	55.4	45.1	37.5	71.0	54.0	42.8	34.9	29.1	61.5	46.9	37.3	30.6	25.5	59.9	45.9	36.7	30.2	25.4
17.5	95.9	72.7	57.6	46.9	39.1	73.5	55.9	44.4	36.3	30.2	63.7	48.6	38.7	31.7	26.6	61.9	47.5	38.1	31.3	26.3
18.0	99.2	75.4	59.7	48.7	40.6	76.1	57.9	46.0	37.6	31.4	65.8	50.3	40.1	32.9	27.6	64.0	49.2	39.4	32.5	27.3
18.5	102.5	78.0	61.9	50.6	42.2	78.6	59.9	47.7	39.0	32.6	68.0	52.1	41.5	34.1	28.6	66.1	50.8	40.8	33.6	28.3
19.0	104.4	80.6	64.0	52.4	43.8	81.1	61.9	49.3	40.4	33.8	70.1	53.8	43.0	35.3	29.7	68.1	52.5	42.1	34.8	29.3
19.5	104.4	83.3	66.2	54.2	45.3	83.7	64.0	51.0	41.8	35.0	72.3	55.5	44.4	36.5	30.7	70.2	54.1	43.5	35.9	30.3
20.0	104.4	85.9	68.4	56.0	46.9	86.2	66.0	52.6	43.2	36.3	74.5	57.2	45.8	37.7	31.7	72.3	55.8	44.8	37.1	31.3
20.5	104.4	88.6	70.6	57.9	48.5	88.8	68.0	54.3	44.6	37.5	76.7	58.9	47.2	38.9	32.8	74.4	57.4	46.2	38.2	32.3
21.0	104.4	91.2	72.7	59.7	50.1	91.3	70.0	55.9	46.0	38.7	78.8	60.6	48.6	40.1	33.8	76.5	59.1	47.5	39.4	33.3

注:b—桩帽边长;D—桩间距;h—桩帽以上填土高度。

附　录　F

（资料性）

桩网复合地基失稳模式与稳定性分析方法

F.1 桩网复合地基失稳模式：

a) 桩网复合地基的失稳破坏模式有整体剪切滑动、桩间土绕流滑动。

b) 大量的工程实践表明，只进行整体剪切滑动稳定性分析，并假设刚性桩和桩土同时沿滑动面剪切破坏，会造成计算所得到的安全系数偏大。大量滑塌工程案例调查、离心模型试验等均表明采用桩网复合地基的路堤更易发生桩间土绕流滑动，为避免路堤滑塌，应保证桩间土不会发生绕流滑动。因此，桩网复合地基路堤除了应分析整体剪切滑动稳定性，还要分析绕流滑动稳定性。

F.2 桩网复合地基路堤整体滑动稳定性分析应符合下列要求：

a) 稳定安全系数 F_s 宜结合图 F.1 按公式（F.1）计算。

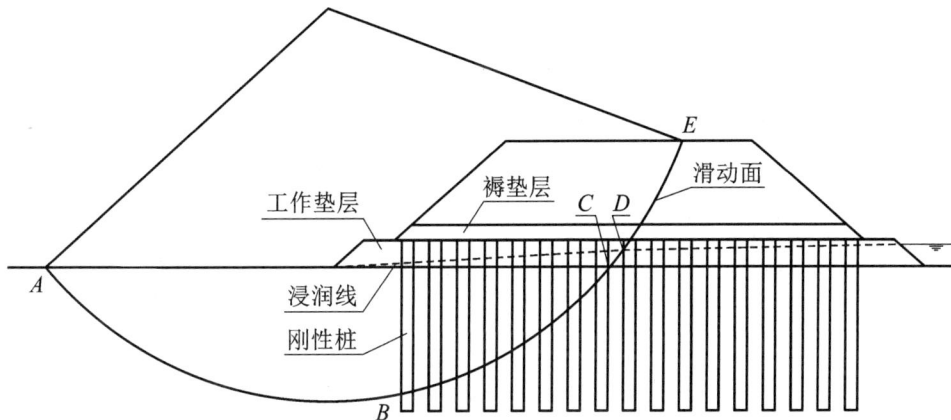

图 F.1　桩网复合地基路堤整体滑动稳定性分析

$$F_s=\frac{\sum_A^B \tau_{oi}l_i+\sum_B^C(c_{spi}l_i+W_i\cos\alpha_i\tan\varphi_{spi})+\sum_C^E(c_il_i+W_i\cos\alpha_i\tan\varphi_i)+\sum\xi_iT_{ri}(\cos\alpha_i+\sin\alpha_i\tan\varphi_i)}{\sum_A^E W_i\sin\alpha_i}\cdots（F.1）$$

式中：

τ_{oi} ——第 i 土条底部地基土的初始抗剪强度（kPa）；

l_i ——第 i 土条底长（m）；

c_{spi} ——第 i 土条底部土的复合黏聚力（kPa）；

W_i ——第 i 土条竖向荷载（kN）。分子中地下水位以下土体取浮重度；分母中浸润线与最低水位之间土体取饱和重度，最低水位以下土体取浮重度；

α_i ——第 i 土条底面与水平线的夹角（°）；

φ_{spi} ——第 i 土条底部土的复合内摩擦角（°）；

c_i ——第 i 土条底部填土的黏聚力（kPa）；

φ_i ——第 i 土条底部填土的内摩擦角（°）；

ξ_i ——第 i 层加筋拉力折减系数；

T_{ri}——第 i 层加筋拉力(kN)。

b) 路堤土抗剪强度指标宜利用十字板试验资料确定，或根据静力触探试验资料、标准贯入试验资料、压缩模量、含水率等按公式(F.2)～(F.5)和表 F.1 综合估算。

$$C_u = 0.04p_s + 2 \qquad\qquad (F.2)$$
$$C_u = 0.044q_c + 2 \qquad\qquad (F.3)$$
$$C_u = \alpha_N N \qquad\qquad (F.4)$$
$$C_u = \alpha_E E_s \qquad\qquad (F.5)$$

式中：

C_u——不排水抗剪强度(kPa)；

p_s——静力触探比贯入阻力(kPa)；

q_c——静力触探锥尖阻力(kPa)；

α_N——标贯击数与不排水抗剪强度的关系系数，取 8～10，击数大时取小值；

N——标贯击数；

α_E——压缩模量与不排水抗剪强度的关系系数，取 0.006～0.008，模量大时取大值；

E_s——土的压缩模量(kPa)。

表 F.1 软土不排水抗剪强度 C_u

含水率/%	36	40	45	50	55	65	75	85	95
C_u/kPa	32	28	25	22	19	15	12	10	8

c) 加固区复合内摩擦角 φ_{sp}、黏聚力 c_{sp} 宜分别按公式(F.6)～(F.9)计算，并取较小的稳定安全系数。

$$\tan\varphi_{sp} = \frac{1-m_p}{1-m_p+m_p n}\tan\varphi_s \qquad\qquad (F.6)$$
$$c_{sp} = (1-m_p)c_s + 0.25m_p q_u \qquad\qquad (F.7)$$
$$\tan\varphi_{sp} = \frac{(1-m_p)\tan\varphi_p + m_p n\tan\varphi_p}{1-m_p+m_p n} \qquad\qquad (F.8)$$
$$c_{sp} = (1-m_p)c_s + 0.25m_p q_u \tan\left(\frac{\pi}{4}-\frac{\varphi_p}{2}\right) \qquad\qquad (F.9)$$

式中：

m_p——桩置换率；

n——桩顶处桩土应力比，按照附录 F 中所规定的方法进行计算；

φ_s——桩间土直剪快剪内摩擦角(°)，c_s 采用不排水抗剪强度时，φ_s 应取 0°；

c_s——桩间土直剪快剪黏聚力(kPa)，软土宜采用不排水抗剪强度；

q_u——桩身无侧限抗压强度(kPa)；

φ_p——桩身摩擦角(°)，无试验资料时宜取 40°～45°。

d) T_{ri} 宜采用 3% 加筋延伸率对应的拉力，且不应大于极限抗拉强度的 30%。第一层 ξ_i 应取 1.0，其他加筋宜取 0.6。

e) 路堤横断面上软土底面倾斜时还应验算沿复合滑动面的稳定性。

F.3 桩网复合地基路堤绕流滑动稳定性分析宜结合图 F.2 采用修正重度法，且应符合下列要求：

a) 稳定性分析宜将汽车荷载、路面荷载转换为等效填土厚度。

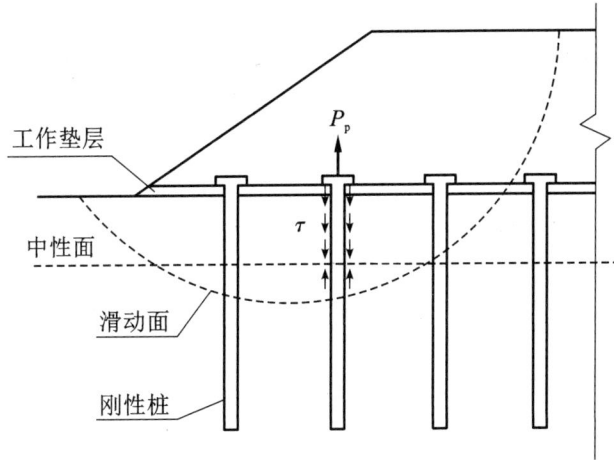

图 F.2 桩网复合地基绕流滑动稳定性分析

b) 稳定安全系数 F_s 应按下列步骤试算确定：

1) 桩顶荷载 P_p 应取 F_s 与 Q_{uk} 中的小者，土拱效应控制的桩帽顶面荷载 P_{pa} 宜按照改进 Hewlett 法进行计算。

2) 根据公式(F.10)计算的负摩擦力确定桩身中性面。

$$Q_s^n = \frac{Q_{uk} - P_p}{2} \quad\quad\quad\quad\quad\quad\quad\quad\quad\quad\quad (F.10)$$

式中：

Q_s^n ——桩的负摩擦力(kN)；

Q_{uk} ——桩的竖向极限承载力(kN)。

3) 路堤土的修正重度可按公式(F.11)、公式(F.12)计算：

$$\gamma_{fr} = F_s \gamma_f \frac{F_s P_u - P_p}{F_s P_p} \quad\quad\quad\quad\quad\quad\quad\quad (F.11)$$

$$\gamma_{fdr} = F_s \gamma_{fd}(1-m) + \frac{U_p \tau}{A_u} \quad\quad\quad\quad\quad\quad\quad (F.12)$$

式中：

γ_{fr} ——桩帽顶面以上填料修正重度(kN/m³)；

γ_f ——桩帽顶面以上填料重度(kN/m³)；

P_u ——单桩分担面积内桩帽顶面以上荷载(kN)；

γ_{fdr} ——桩间路堤土修正重度(kN/m³)；

γ_{fd} ——桩间路堤土重度(kN/m³)；

m ——桩的置换率；

U_p ——桩的周长(m)；

τ ——桩侧摩擦力(kPa)，中性面以上取负值；

A_u ——单桩分担面积(m²)。

4) 桩间地基土修正重度可按公式(F.13)计算：

$$\gamma_{sr} = \gamma_s(1-m) + \frac{U_p \tau}{A_u} \quad\quad\quad\quad\quad\quad\quad\quad (F.13)$$

式中：

γ_{sr} ——地基土的修正重度(kN/m³)；

γ_s ——地基土的重度（kN/m^3）。

5）刚性桩未穿透软土层时，桩端区土层的修正重度宜按公式（F.14）计算：

$$\gamma_{sr} = \gamma_s + \frac{Q_{pk}}{D^2 T_e} \quad\cdots\cdots\cdots\cdots\cdots\cdots\cdots\cdots\cdots\cdots\cdots\cdots\cdots\cdots \text{(F.14)}$$

式中：

Q_{pk} ——总极限端阻力标准值（kN）；

T_e ——桩端区厚度（m），可取 0.5 m～1.0 m。

6）桩间土黏聚力、不排水抗剪强度可按公式（F.15）、公式（F.16）修正：

$$c_r = c(1-m) \quad\cdots\cdots\cdots\cdots\cdots\cdots\cdots\cdots\cdots\cdots\cdots\cdots\cdots\cdots \text{(F.15)}$$

$$C_{ur} = C_u(1-m) \quad\cdots\cdots\cdots\cdots\cdots\cdots\cdots\cdots\cdots\cdots\cdots\cdots \text{(F.16)}$$

式中：

c_r ——黏聚力修正值（kPa）；

c ——黏聚力（kPa）；

C_{ur} ——不排水抗剪强度修正值（kPa）；

C_u ——不排水抗剪强度（kPa）。

7）忽略刚性桩，桩顶、桩间路堤土采用 γ_{fr}、γ_{fdr}，桩间、桩底地基土采用未修正指标，利用稳定性分析软件计算得到绕流滑动安全系数 F_f。

c）当 F_f 不等于 1.0 时，应调整并重复本款第 1）～7）项直至 F_f 与 1.0 的偏差小于 0.005，此时的 F_s 即为路堤稳定安全系数；

当 F_s 小于 1.0 时，还需分析桩（帽）顶面以上路堤自身的稳定性。路堤自身稳定性分析时地基土黏聚力取值不宜小于 100 kPa。

附 录 G

（资料性）

珠海市公路工程水泥土搅拌桩检评标准

G.1 施工前应检查水泥及外掺剂的质量、桩位、搅拌机工作性能及各种设备完好程度。

G.2 施工中应检查机头提升速度、水泥浆或水泥注入量、搅拌桩的长度及标高。

G.3 施工结束后，应检查桩身强度、桩径及单桩与复合地基承载力。

G.4 进行强度检验时，承重水泥土搅拌桩钻孔取芯强度检验应在成桩 28 d 后进行。

G.5 水泥土搅拌桩施工质量检验标准应符合表 G.1 的要求。

表 G.1 水泥土搅拌桩施工质量检验标准

项	序	检查项目	允许偏差或允许值		检查方法和频率
			单位	数值	
主控项目	1	水泥及外掺剂质量	按设计及规范要求		查产品合格证和抽样送检
	2	水泥用量	不小于设计值		查记录或现场核查
	3	桩身强度	不小于设计值		钻孔取芯，总桩数的 0.5%
	4	桩长	不小于设计值		查记录并结合钻孔取芯检查
	5	复合地基承载力	不小于设计值		静载试验，总桩数的 0.2%，且不应少于 3 处
	6	单桩承载力	不小于设计值		静载试验，总桩数的 0.2%，且不应少于 3 根
一般项目	1	机头提升速度	m/min	不大于设计值	查记录或现场核查
	2	桩顶标高	mm	＋100～－50	水准仪（最上部 500 mm 不计入）
	3	桩径	不小于设计值		用钢尺量，随机选取总数的 2%，且不少于 5 处
	4	桩距	mm	±100	用钢尺量，随机选取总数的 2%，且不少于 5 处
	5	垂直度	%	≤1.5	查记录或现场核查设备

G.6 水泥土搅拌桩复合地基施工过程中的检验要求：

a) 施工过程中应随时检查施工记录和监控记录；

b) 成桩 3 d 内，可采用轻型动力触探（N10）检查上部桩身的均匀性，检验数量为施工总桩数的 1%，且不少于 3 根；

c) 成桩 7 d 后，应将所有桩头挖出，检验桩数，开挖深度宜超过停浆（灰）面下 0.5 m，检查搅拌的均匀性，量测成桩直径、桩距，检查数量不少于总桩数的 2%，且不少于 5 处。

参 考 文 献

[1] GB/T 1.1—2020 标准化工作导则 第 1 部分:标准化文件的结构和起草规则

[2] GB 50011—2010 建筑抗震设计规范

[3] GB 50290—2014 土工合成材料应用技术规范

[4] JGJ 79—2012 建筑地基处理技术规范

[5] JGJ 94—2008 建筑桩基技术规范

[6] JGJ/T 406—2017 预应力混凝土管桩技术标准

[7] JTG 3363—2019 公路桥涵地基与基础设计规范

[8] JTG B02—2013 公路工程抗震规范

[9] JTG C20—2011 公路工程地质勘察规范

[10] JTG F80/1—2017 公路工程质量检验评定标准 第一册 土建工程

[11] JTG/T L11—2014 高速公路改扩建设计细则

[12] JTG/T 3610—2019 公路路基施工技术规范

[13] CJJ/T 177—2012 气泡混合轻质土填筑工程技术规程

[14] TB 10106—2023 铁路工程地基处理技术规程

[15] DBJ/T 15—38—2019 建筑地基处理技术规范

[16] DB33/T 904—2021 公路软土地基路堤设计规范

[17] DB44/T 2418—2023 公路路堤软基处理技术标准

[18] DB45/T 1972—2019 公路软土地基处治工程技术规范

[19] SJG 04—2015 深圳市地基处理技术规范

[20] T/CHCA 003—2019 公路路堤刚性桩复合地基技术指南

[21] 珠海市建设工程质量监督检测站 2010.珠海市软土分布区工程建设指引